www.tredition.de

AF178611

Hans Jürgen Hengsbach

Querrisse

Gedanken, Gedichte, Geschichten

© 2019 Hans Jürgen Hengsbach

Verlag & Druck: tredition GmbH, Halenreie 40-44, 22359 Hamburg

ISBN
Paperback: 978-3-7497-9620-5
Hardcover: 978-3-7497-9621-2
e-Book: 978-3-7497-9622-9

Bilder von Kyri Schrader (www.kyri-art.de):
Deckblatt::   „Querriss"
Kapitel 1:   „O"
Kapitel 2:   „Maskulin trifft Feminin"
Kapitel 3:   „Oceanblues"

Hans Jürgen Hengsbach

Querrisse

Gedanken, Gedichte, Geschichten

Mit Bildern von
Kyri Schrader

Kapitel 1:

Gedanken / Gedichte

Kapitel 2:

„A-Z – Alphabet der Tiere und anderer Menschen"

Kapitel 3:

Geschichten

Kapitel 1

Gedanken / Gedichte

Sonne

Der Kälteeinbruch kommt zu spät,
wenn die Hitze einen hat bereits verdorren lassen.
Wärme ist nur dann hilfreich,
wenn man nicht zuvor erfroren ist.

Der Regenschauer ist sinnlos,
wenn man kein Wasser mehr aufnehmen kann.
Die Trockenperiode bringt nur dem etwas,
der nicht bereits ertrunken ist.

Die frische Brise bleibt ungenutzt,
wenn das Segel in Fetzen hängt.
Die Windstille ist überfällig,
wenn man bereits vom Sturm mitgerissen wurde.

Der Sonnenschein nutzt nicht viel,
wenn man nicht selbst etwas Sonne im Herzen hat.

Kleines Gedicht

Mein Kopf ist leer,
doch mein Herz ist voll.
Ich sitze hier und weiß nicht,
was ich schreiben soll.
Ich wünsche mir, Du denkst an mich.
Ich denk nur eins,
ich denk –
      ich liebe Dich!

Schneefall

Ein Wintertag mit frostigen Temperaturen....

Die vor Kälte scheinbar geschrumpfte Sonne hängt am stahlblauen Himmel, der sich aber mehr und mehr in Grau verwandelt und die Sonne zu einer unscheinbaren Kugel werden lässt.

Das Grau wird dichter, öffnet sich und gibt die erste kleine Flocke frei.
Langsam und zögernd fällt sie dem Erdboden entgegen. Der Fall verläuft in geschwungenen Bahnen, so als würde sie sich umsehen, wo ihre Artgenossen bleiben.
Sie lassen nicht lange auf sich warten und der Himmel wird weiß.

Die Konturen verschwinden.
Farben werden blass, grau, weiß.
Schmutz wird verdeckt, unsichtbar und vermeintlich sauber.

Der Horizont kommt näher, schrumpft und verschwindet schließlich.
Die Welt wird unwirklich.
Mensch und Technik klein und hilflos.

Die Natur zeigt für einige Zeit ihre wahre Stärke.

Die Wolke

Ein Ansichtskartensommertag…

Türkisgrünblaues Wasser mit weißen Gischtwellenbergen, vanillesahneweißer Strand mit farbenfroh gekleideten braungebrannten Menschen.
Fröhliches Kindergejohle mischt sich mit dem Säuseln der Meeresbrise.
Am Himmel sieht man ein makelloses Blau in Blau.

Mit einem Lächeln im Gesicht schweift der Blick umher.
Was ist das dort in der Ferne?
Am Horizont ist ein heller Fleck am Firmament zu entdecken.
Eine kleine Wolke nimmt Besitz von der Freiheit der unbegrenzten Bläue.

Bei manchen Sonnenanbetern, die die Wolke entdecken, erscheinen missmutige Schatten auf den Gesichtern.
Noch ist die Wolke klein, weiß und zeugt von schönem Wetter.
Doch ist bei genauerer Betrachtung nicht ein stetes Wachstum zu erkennen.
Und dort am Rand…. sind dort nicht die ersten grauen Tönungen zu entdecken?

Für die Missmutigen ist nur noch die bedrohliche Wolke zu sehen.
Das Blau des Sommerhimmels wird zusehends verschluckt.
Die Temperaturen fallen und der Regen wird womöglich nicht lange auf sich warten lassen. Die Freude ist getrübt.

Ein paar wenige sehen die Wolke mit Vorfreude.

Wenn sie wächst und sich vor die Sonne schiebt, wird sie Schatten und Labsal schenken.

Die Farben des Himmel, des Meeres und des Strandes werden andere Farbnuancen annehmen. Die Atmosphäre wird eine andere sein.

Vielleicht wird sie sich sogar zur Regenwolke wandeln und ein kühles, belebendes Nass spenden, für die Pflanzen und die Tierwelt. Und es wird sogar ein paar Menschen geben, die sich daran erfreuen.

Manche bauen Schlösser auf den Wolken, manche ihr ganzen Leben, manche sehen pastellfarbene, andere sehen Wolken gar nicht mehr bewusst.

Wie die Menschen, wie deren Ansichten, wie das Leben als solches... selbst die Wolke kann und sollte aus allen denkbaren Perspektiven betrachtet werden.

Regenbogen

Ich hatte mal die wahre Liebe.
Ganz sicher bin ich mir allerdings nicht –
da mir Vergleichsmöglichkeiten fehlen.

In ihrer Gegenwart war das Glück wohl vollkommen.
Aber was ist schon vollkommen?
Und Glück ist etwas mit dem ich nicht vertraut bin.

Ein wunderbares Geben und Nehmen von
Körperlichkeit, Emotionalität und Zärtlichkeit...
soweit es meine Kopflastigkeit zulässt.

Sie offenbarte mir neue Welten und Dinge,
von deren Existenz ich zuvor keinerlei Vorstellung hatte.
Doch wie konnte ich mich dort zurechtfinden, wenn mir selbst
meine eigene Welt fremd ist?

Sie schenkte mir einen Regenbogen.
Ich bedankte mich und nahm ihn voller Freude an.
Aber ich wusste nicht so recht was ich mit ihm anfangen sollte.

So verblasste der Regenbogen allmählich und schließlich verschwand er.

...und so die wahre Liebe.

Glückswandel

Glück
Glücksklee
Wiese
Weide
Kuh
Kuh frisst Klee
Kuh verdaut Klee
Kuh entledigt sich der Übrigbleibsel
Fladen
Scheiße

Progressive Regression

Eine Samenzelle setzt zum Sprint an.

Das Kind hat sich verrannt.
Der Jugendliche hat sich verlaufen.
Der Mann hat sich vergangen.
Der Greis hat sich verkrochen.

Eine Leiche steht im Weg.

Flüchtige Konzentration

Meine Konzentrationsfähigkeit heute ist ähnlich ausgeprägt wie
die Haltbarkeit von Blättern an Herbstbäumen...

Perspektivisch

Oben wird unten,
wenn man sich auf dem Kopf stellt.

Decken werden zu Wänden…
wenn man die Zimmer auf die Seite legt.

Blau wird zu grün und gelb und braun,
wenn ein Hämatom langsam ausheilt.

Tritte werden zu Zukunftsoptionen,
wenn der Tritt der Auslöser zu Eigeninitiative ist.

Schlimm

Es ist nicht schlimm, etwas zu tun.
Es ist nicht schlimm, etwas zu unterlassen.

Es ist nicht schlimm, Pech zu haben.
Es ist erst recht nicht schlimm, Glück zu haben.

Es ist nicht schlimm, unglücklich zu sein.
Es ist ganz und gar nicht schlimm, glücklich zu sein.

Es ist nicht schlimm, etwas zu tun, in der Hoffnung glücklich zu bleiben.
Es ist nicht schlimm, etwas zu unterlassen, in der Hoffnung glücklich zu bleiben.

Es ist nicht schlimm, etwas zu tun, in der Hoffnung glücklich zu werden.
Es ist nicht schlimm, etwas zu unterlassen, in der Hoffnung glücklich zu werden.

Schlimm ist es, zu glauben, egal, ob man etwas tut oder unterlässt, es wird einen nicht glücklicher machen.

Uhr-Zeiten

Uhren sind nicht gleich Uhren
und jede hat ihre eigene Zeit.
Die Rede ist jetzt nicht von der Sonnenuhr,
sie zählt ja abgedroschenerweise die heiteren Stunden nur.
Was soll man damit?
Sitzt man in der Sonne und kann den Lauf des Zeigerschattens
verfolgen, braucht man keine Uhrzeit. Diese wird hauptsächlich
dann benötigt, wenn es bewölkt, regnerisch oder dunkel ist.
Aber insbesondere unterwegs und Sonnenuhren sind zumeist
sehr unhandlich.

Ich denke eher an die vielen anderen Zeitmesser digitaler und
analoger Art. Erdacht, konstruiert und erbaut von Menschen für
Menschen. Aber sobald sie ihren Dienst erfüllen, werden sie be-
herrscht von der Zeit und durch sie beherrscht die Zeit die Men-
schen.

Jede Uhr wirkt anders.

Da ist die Sanduhr, durch die die Körner stetig und gemächlich
rieseln. Man weiß, dass die Zeit vergeht, aber sie vergeht spiele-
risch. Dreh die Uhr um und das Spiel beginnt von vorn.

Da ist die digitale Uhr mit Stunden- und Minutenanzeige. Die
Zeit scheint still zu stehen und plötzlich, wenn man kaum noch
damit rechnet, ist eine Minute vorüber.

Ähnlich, aber in gewisser Weise noch erschreckender ist ihr ana-
loger Bruder ohne Sekundenzeiger…
…zumeist riesengroß und bedrohlich, immer dort zu finden, wo
es auf die Minute ankommt.
So auf Bahnhöfen…..man hastet die Treppen zum Bahnsteig
hoch, erblickt die Uhr, der Minutenzeiger springt gerade mit
einer nahezu körperlich spürbaren Erschütterung um
und der Zug fährt davon….

Auf ankommende Züge haben diese Uhren übrigens keinerlei Einfluss.

Dann gibt es noch die guten alten Analoguhren mit Sekundenzeiger. Jede Sekunde zeigt diese zuverlässig an, nachvollziehbar auch mit geschlossenen Augen. Brav wartet der Minutenzeiger bis der kleine Genosse ihn anstupst und dies gilt vergleichbar dann auch für den Stundenwechsel.

Die Uhren der neuesten Generation sind so hektisch wie die Zeit selbst. Die Sekundenzeiger sind keine mehr, es sind Kontinuitätszeiger geworden, Fleißzeiger, Stressindikatoren!

Selbst innerhalb einer Minute spürt man die eigene Vergänglichkeit, Ruhelosigkeit, Verfall.

Eine Erfindung des Teufels!

Doch defekte Uhren sind auch keine Lösung, zeitlos unveränderlich, still stehend, ohne jede Entwicklung, tot.

Also lass Uhren Uhren sein und nutze die Zeit soweit es geht.........

Verprasst

Das Universum verprasst Galaxien.
Die Sonne verprasst Energie.
Die Erde verprasst ihre Reserven.
Die Nacht verprasst Dunkelheit.
Der Tag verprasst Licht.
Der Regen verprasst Wasser.
Der Wüstenwind verprasst Sandkörner.
Die Menschheit verprasst ihre Mitglieder.
Manche verprassen Geld, welches sie nicht besitzen.
Der Schwätzer verprasst Worte.
Zögernde verprassen die Zeit.
Übermütige verprassen ihren Mut.
Feiglinge verprassen ihre Chancen.
Ich hab manchmal das Gefühl, mein Leben zu verprassen.

Verschiebungen

Sein Leben spielte sich in geregelten Bahnen ab.
Die Positionen waren fest.
Er stand an den Stellen, die für ihn bestimmt waren,
in allen Lebenslagen.
Er hatte diese Rollen nicht frei gewählt,
sie waren ihm zugefallen, sie wurden bestimmt,
sie hatten sich ergeben.
In seinem Leben hatte alles seinen festen Platz.
Es gab keine Verschiebungen.

Er bewegt sich von der Stelle.
Das Muster seines Handelns ist unplanmäßig.
Seine Bahnen folgen keinen Regeln.
Er spielt keine Rollen.
Die Starrheit hat sich aufgelöst.
Positionen schwanken.
Er hat seinen festen Platz verloren.
Er ist –
verrückt.

Der Kaktus

Unscheinbar sieht er aus…
kein Vergleich zu einer Orchidee…
unantastbar durch seine Stacheln,
vielleicht auch deshalb ein Überlebenskünstler.
Hitze, Kälte, Trockenheit kann er überstehen.
Das macht ihn stark, aber auch zum Einzelgänger.
Klein steht er in der Öde und wartet.
Er wartet auf etwas Wasser, Wärme, Liebe.
Und hat er dann das Glück…
dann blüht er auf und plötzlich strahlt auch er Schönheit aus.
Wasser und Wärme können vergehen.
Doch die Erinnerung an Liebe bleibt bestehen
Und ebenso die Fähigkeit zu blühen.
- Ich bin der Kaktus,
    sei Du diejenige, die mich zum Blühen bringt.

Altersschwachsinnig

Früher warst du jung, stark und auf der Höhe Deiner geistigen Fähigkeiten.

Du glaubtest, die Welt läge Dir zu Füßen, Du konntest Bäume ausreißen und jedes Problem schien lösbar.

Die Jahre gingen ins Land.... und mit ihnen der Glaube an das Nabel-der-Welt-Sein, die Größe der ausreißbaren Bäume und die Zuversicht, alles zu schaffen.

Manchmal machte sich Panik breit.

...die Angst, anderen nicht mehr zu gefallen, sondern nur noch ein mitleidiges Stirnrunzeln hervorzurufen oder sogar zur Last zu fallen.

...die Angst, aufgrund körperlicher Gebrechen selbst vor Bonsais kapitulieren zu müssen oder sogar bei den einfachsten Dingen auf fremde Hilfe angewiesen zu sein.

...die Angst, die Anzahl der grauen Zellen und damit Deine intellektuellen Fähigkeiten schrumpfen mehr und mehr oder sogar, dass Dich der Altersschwachsinn zu einer hilflosen Kreatur werden lässt.

Aber ein Blick in den Spiegel und in Dein Inneres zeigt Dir:

Du bist nicht alt.

Du bist nicht schwach.

Du bist reichlich sinnig.

Gedanken

Stimmengewirr umgibt mich.
Rauch und Alkoholdunst benebeln mein Gehirn.
Nicht einen klaren Gedanken kann ich fassen.
Viele Menschen um mich herum und doch allein.
Ich habe Dich und ich müsste glücklich sein.
Doch Du bist nicht da und niemals zuvor
war die Einsamkeit so greifbar nah.
Klein ist mein Zimmer, doch ohne Dich
war es viel zu groß für mich.
Meine Bücher, meine Lieder sind mir wichtig,
doch heute erscheinen sie leer und nichtig.
Gesellschaft habe ich gesucht
in der Hoffnung mich zu zerstreuen.
Doch schon bald wurde mir klar
dass das Gesuchte hier nicht zu finden war.
Dich habe ich gesucht und suche Dich.
Gewartet habe ich, das Glück zu finden und zu lieben.
Hätt´ ich nur vorher gewusst, wie grausam Liebe ist.
Vielleicht wäre die Entscheidung anders ausgefallen.
Aber nein, welch ein Gedanke.
Glück ist wohl erst vollkommen, wenn Träume es am Leben
halten.
Ständig Sonne bringt den Tod,
ohne Regen wächst nur Not.
Hell und Dunkel, Tag und Nacht.
Es ist der Widerspruch, der das Leben macht.
Solch sonderbare Gedanken beschäftigen mich.
Ein Gedanke überwiegt - ich liebe Dich.

Muss wohl

Draußen sitz´ ich und tue scheinbar nichts.
Doch Irrtum - Ich bin beschäftigt wie lang´ nicht mehr.
Eine verlorene Welt entdecke ich neu.

Ich sehe.
Insekten, schöne und weniger schöne, fliegen umher.
Gräser, Laub und Äste bewegen sich im Wind.
Vögel streiten sich um die Leckerbissen der Natur.
Vereinzelte Sonnenstrahlen beteiligen sich an der beruhigenden
Unruhe.

Ich rieche.
Der Sommer verströmt seinen reichhaltigen Duft,
selbst die Abgase wirken heut´ nicht fehl am Platz.
Sonne und Regen erfüllen die Luft mit eigenem Aroma.
Frisch gekochter Kaffee rundet alles ab zu ausgefeilter Harmo-
nie.

Ich höre.
Vogelgezwitscher und Hundegebell ringen um die Wette.
Kindliches Gelächter durchdringt Mauern und Wände.
Wie früher unterscheide ich Automarken nach Gehör.
Es gibt kein Geräusch, das nicht dazu gehört.

Was ist bloß los?

Ich hab´ keine neue Brille, die mein Auge so verjüngt.
Die Nase ist so gut und schlecht wie immer.
Auch die Ohren sind die alten; kein Hörgerät, das mir Töne
schenkt.

Aber etwas muss das alles doch bewirken?!
Hm, muss wohl an dir liegen;
tja, muss wohl!

Splitter eines Schreis

Irgendwo auf der Welt, in einem Hospital unter professioneller Aufsicht, der Geborgenheit eines sicheren Zuhauses mit der Hilfe einer vertrauten Person oder aber im Dschungel des Lebens wird ein Baby geboren. Dessen erstes Tun, als Folge des berühmten ersten Klapses oder spontan als Reaktion auf dem Kampf ums Leben –
ist der Splitter eines Schreis.

Irgendwo auf der Welt, in einem Kinderhort oder einem Spielplatz entdeckt ein Kind die Welt, seine Fähigkeiten und seine Grenzen. Es stellt fest, dass es plötzlich Dinge kann, die am Vortag noch nicht gelangen und jauchzt vor Stolz und Freude – den Splitter eines Schreis.
Und es muss entdecken, dass die Versuche, die eigenen Grenzen zu erkunden und im besten Fall auszudehnen, schmerzhaft enden können, enttäuschend, frustrierend und oftmals – mit einem weiteren Splitter eines Schreis.

Irgendwo auf der Welt, nimmt ein Mensch die Schönheit der Welt wahr, unerwartet, unverhofft und unvermittelt, einen Sonnenaufgang, ein stilles unberührtes Stückchen Erde, ein Geschenk oder ein liebes Wort und ruft hervor, ob hörbar oder unterdrückt und nur im Inneren vibrierend –
einen weiteren Splitter eines Schreis.
Einem anderen Mensch widerfährt die Unmenschlichkeit der Natur, die Grausamkeit der Mitmenschen, die Ungerechtigkeit der Welt, die Schmerzen einer Krankheit und es bricht aus ihm hervor – ein Splitter eines Schreis.

Irgendwo auf der Welt, findet ein Mensch einen anderen, entdeckt Gemeinsamkeit, gleiche Interessen, dieselben Träume. Sie kommen sich näher, Gefühle füreinander wachsen, sie lassen es zu. Zärtlichkeit wird ausgetauscht, geschenkt und empfangen.

Sie genießen die Berührungen, die Küsse. Sie lassen sich fallen, geben sich ihrer Leidenschaft hin – mit einem weiteren Splitter eines Schreis.

Irgendwo auf der Welt, in einem Hospiz, vielleicht abgeschoben und allein gelassen oder auch vielleicht unter intensiver Betreuung, daheim unter liebevoller Begleitung auf dem letzten Weg, aus dem Leben gerissen durch Unfall, Krieg oder Verbrechen, als Verlierer im Duell mit deiner Krankheit, beendet ein Mensch seine Existenz mit - dem Splitter eines Schreis
….. dem fehlenden Bruchstück vom Schrei des Lebens.

Gedankenfluss

Bunte Bilder befreien sich von Nägeln, Haken und Schnüren, verlassen die Wände, an die sie bislang gefesselt waren und fliegen empor. Sie durchbrechen die Wolken, erlösen sich vom Einfluss der Gravitation, überschreiten die Grenzen des Universums und missionieren die Schwärze des Weltalls.

Und eine weitere Insel aus Synapsenmagma entsteht und bahnt sich ihren Weg an die Oberfläche des Gedankenflusses.

Wörter verlassen Bücher und ihre Ordnung, beginnen ein Eigenleben. Sie zerfallen in ihre Bestandteile. Die Buchstaben verändern ihre Form und Bedeutung. Neue Worte formen sich, bar jeder irdischen Bedeutung, um neue Welten zu beschreiben. Die leeren Seiten reinkarnieren zu Bäumen.

Und eine weitere Insel aus Synapsenmagma entsteht und bahnt sich ihren Weg an die Oberfläche des Gedankenflusses.

Schneeflocken verweigern sich dem Einfluss der Temperatur zu unterwerfen und mutieren zu Sonnenflocken.
Voller Wärme fallen sie zu Boden und entziehen dem Winter seine Substanz.

Und eine weitere Insel aus Synapsenmagma entsteht und bahnt sich ihren Weg an die Oberfläche des Gedankenflusses.

Mächtige Höhenzüge sind der Schwere ihres Daseins leid. Nach und nach zerfallen sie in Felsstücke, Steine, Kiesel, Sand und Staub. Heben ab, verflüssigen sich oder sublimieren.
Gebirgsnebel, Steinpfützen und Kieselseen entstehen.

Und eine weitere Insel aus Synapsenmagma entsteht und bahnt sich ihren Weg an die Oberfläche des Gedankenflusses.

Zurück bleibt ein verwirrter Mensch, beraubt seiner gewohnten Umgebung, seiner Erfahrungen, seiner Quellen. Ein Moment der es Erinnerung und Gedächtnis erlaubt, der Enge des Gehirns zu entfliehen. Das Erlernte macht Platz...für Wissen.

Und eine weitere Insel aus Synapsenmagma entsteht und bahnt sich ihren Weg an die Oberfläche des Gedankenflusses...

.. bis die Inseln eine Einheit bilden, der Gedankenfluss versiegt und nur noch Sein übrigbleibt.

wir grillen

Ankündigung
Wir grillen –
am kommenden Samstag beginnend um 20 Uhr treffen wir uns an unserem allseits beliebten Grillplatz. Für ausreichend Getränke ist gesorgt. Essbares ist mitzubringen. Wir bitten darum, auf Einweggeschirr zu verzichten, um die anfallenden Abfallmengen in Grenzen zu halten.
Sollte das Wetter wider Erwarten kein Grillen zulassen, verschieben wir es auf einen neuen kurzfristig bekanntzugebenden Termin.

Proklamation
Wir Grillen –
proklamieren hiermit höchstoffiziell und unwiderruflich unsere Absicht, zum Wohle aller die Weltherrschaft zu übernehmen. Zu diesem Zweck werden wir mittels geeigneter Strategien die Agrarwirtschaft und somit mittelbar alle Grundlagen der menschlichen Vorherrschaft vernichten. Vernunftfähigen und kompromissbereiten Menschen, die eine für alle Kreaturen adäquate Lebensweise führen wollen, geben wir bis zum Einbruch des nächsten Winters die Gelegenheit uns durch zweckdienliche Maßnahmen davon zu überzeugen, ihnen eine letzte Chance zu geben.

Kon Fu Tse sagte (es zwar nicht, aber es hätte sein können)

Falls Du schon einmal zu viel getrunken haben solltest und dafür böse Blicke geerntet hast ...

...und Du Dir tatsächlich die Frage stellen solltest, ob Du dies noch mal riskieren willst, werde Dir darüber klar, was schlimmer ist, böse Blicke oder Durst.

Die Antwort ist aus folgendem Grund eindeutig.

Böse Blicke kann man wegtrinken, aber Durst nicht weggucken!!!

Buchstaben-Bilder

Grau in Grau war der Himmel als die Schneeflocke erwartungsvoll taumelnd dem Erdboden entgegen schwebte. Auf dem angenehm kühlen Boden angekommen, entdeckte sie rundum einige Artgenossen. Sie war gerade dabei, sich mit der Umgebung vertraut zu machen als plötzlich grellblendende, schmerzhaft warme Helligkeit den Himmel durchstach.
„Was ist das?", fragte sie.
„Sonnenstrahlen" war das letzte, das die Schneeträne hörte.

Dem Kreis war langweilig. Er blähte sich auf, immer mehr.
Sein Radius wuchs und wuchs ....
...und der Kreis hörte auf, ein Kreis zu sein. Denn ein Kreis mit einem unendlichen Radius galt nicht als solcher.

Das Weiß erschrak und verschluckte sich. Es verschluckte nicht nur sich, sondern auch das Licht, das es traf. Und da das Weiß nicht mehr in der Lage war, das Licht zu reflektieren, sondern alles in sich aufnahm, ärgerte es sich schwarz.

Ein halbstarker, sich unbesiegbar vorkommender Lichtstrahl hatte sich viel vorgenommen. Er wollte alle Dunkelheit mit seiner Helligkeit beseitigen.
Er begann in diversen unbeleuchteten Ecken und fühlte sich in seinem Tun bestätigt. Dann folgten ganze Zimmer und Säle. Das Ergebnis war sehenswert.
Sein Ehrgeiz wuchs ins Unermessliche und so machte er sich auf ins Weltall, das doch einiges an Licht vertragen konnte, wie er

dachte. Nachdem einige kleine Kometen, Monde und Planeten erleuchtet worden waren, entdeckte der Lichtstrahl eine besonders dunkle Stelle und steuerte darauf zu.

Es dauerte viele Jahre seiner Zeitrechnung, dann erreichte er sein Ziel …..und verschwand endgültig in einem schwarzen Loch.

Die Inspektion war fällig. Das Gehirn wurde gründlich untersucht.

Das Ergebnis war beruhigend.

Nun gut, viele graue Zellen hatten deutlich an Stärke verloren, aber sie waren alle noch an Ort und Stelle.

Es war also kein Verrücktsein, sondern nur Schwachsinn.

Kapitel 2

A-Z

Alphabet der Tiere und anderer Menschen

Anna
Bernd
Camilla
Duncan
Edwina
Freddy
Gordon
Hoffmann
Iris
Jojamee
Konrad
Louis
Mike
Nathan
Oskar
Perry
Quasireziprokel
Reginald
Stan
Tronje
Ulterior
Victor und Victoria
Wolf
Xaver
Ygraton der 1219ste
Zacharias

Anna

„Zacharias" dachte Anna mit einem Anflug von schlechtem Gewissen, „wird bestimmt schon auf mich warten." Sie hatten sich vor zwei Wochen für den heutigen Tag verabredet.

Zweifellos, sie hatte sich darauf gefreut und sich immer wieder ausgemalt, was sie gemeinsam unternehmen und wie viel Spaß sie haben würden.

Noch am vorherigen Abend hatte sie sich einen genauen Zeitplan zurechtgelegt, wann sie aufzustehen hatte, um einigermaßen in Ruhe frühstücken, sich zurechtmachen und den doch recht langen Weg zu Zacharias zurücklegen zu können. Sie wollte endlich mal pünktlich zur vereinbarten Zeit am Ziel ankommen.

Bislang hatte Zacharias stets ohne Murren auf sie gewartet und auch bei noch so großer Verspätung war nie ein böses Wort gefallen. Sie konnte aber durchaus merken, dass er sich trotz aller Geduld und Vorfreude sie zu sehen, über die Unpünktlichkeit ärgerte.

Sicher, der Ärger war wie weggeblasen, sobald Zacharias Anna erblickte, doch sie konnte sich vorstellen, wie viel größer die Freude sein musste, wenn sie es tatsächlich schaffen sollte, pünktlich oder sogar vor Zacharias am Treffpunkt einzutreffen.

Na ja, aber dies war die Überlegung vom Tage zuvor. Am vereinbarten Tag jedoch hatte sie bereits beim Aufwachen gemerkt, dass dies wieder einer der Tage werden würde, den man besser aus dem Kalender gestrichen hätte. Sie hatte noch nicht in den Spiegel geschaut, aber sie konnte sich lebhaft vorstellen, was sie dort erwarten würde.

Aus diesem Grunde verzichtete sie gänzlich darauf und nahm sich stattdessen vor, nicht nur sich selbst, sondern auch allen anderen ihren Anblick zu ersparen.

Sich in ihrem Zustand in der Öffentlichkeit zu zeigen, wäre zweifellos das Natürlichste von der Welt gewesen und mit großer Wahrscheinlichkeit würde sich niemand von Annas Anblick irritiert fühlen, ihr Vorwürfe machen oder abschätzige Bemerkungen von sich geben.

Aber das war auch nicht Annas Sorge. An solchen Tagen konnte sie sich selbst einfach nicht leiden, ihre Stimmung pendelte deutlich im negativen Bereich, die Art und Weise mit anderen umzugehen wäre sicherlich entsprechend und überhaupt, wie soll es möglich sein, dass jemand anderes sie mochte, wenn dies nicht mal ihr selbst gelang.

Kurzum, sie brauchte nur wenige Minuten um den Entschluss zu fassen, ihre Behausung auch nicht um den Bruchteil eines Millimeters zu verlassen.

Genau genommen trifft sich das unerwartete Auftreten der widrigen Umstände ganz gut, dachte sich Anna.

"Sicher, Zacharias ist zweifellos ein netter Kerl".

Aber im Laufe der letzten Wochen hatte er sich doch zu sehr festgeklammert. Er war nie aufdringlich geworden, aber offensichtlich schien er ihre Beziehung in einer Weise zu sehen, die nicht in Annas Sinne war.

"Ja, gut so, eine prima Gelegenheit, ihn ein wenig auf Distanz zu halten."

Er wird enttäuscht und auch (zu Recht) verärgert sein, aber wie Anna ihn einschätzte, ist dieser Ärger spätestens beim nächsten Treffen recht schnell wieder verflogen.

Und wenn nicht - wäre zwar schade, aber A und Z sind nicht die einzigen Buchstaben im Alphabet.

Genervt, mit der sich nur zögerlich lösenden Schlangenhaut kämpfend, etwas zweifelnd und unsicher - aber nur ein klein wenig -, zugleich doch hoffnungsfroh auf bessere Zeiten, richteten sich Anna Kondas Gedanken auf das Leben als solches, auf sich und das eine ums andere Mal auch auf Zacharias.

Tja, es war und ist nicht leicht mit den zwischenschlänglichen Beziehungen.

Bernd

Bernd Muda arbeitete auf dem Bau. Er war Maurer und machte seine Arbeit gern.

In seiner Freizeit besuchte er regelmäßig ein Fitnessstudio.

Er arbeitete also schwer und bewegte im Studio etliche Tonnen an Gewichten. Nach dem Sport, aber nicht nur dann, liebte er es, die Flüssigkeitsverluste seines Körpers durch den Genuss von Bier auszugleichen.

Er hatte stets einen gesegneten Appetit und aß und trank entsprechend viel. Das alles führte dazu, dass er nicht nur groß, sondern auch recht breit gebaut war. Logischerweise wurde er unter seinen Freunden und guten Bekannten nicht Bernd, sondern meistens nur Bär genannt.

Bernd (Bär) wohnte in einer mittelgroßen Provinzstadt in der Bahnhofstraße. Da wieder mal die Miete erhöht worden war, machte er sich auf die Suche nach einer neuen Wohnung. Nach wenigen Wochen wurde er bereits fündig. Die neue Wohnung lag etwas abseits in einem Vorort, war etwas kleiner als die alte Wohnung, aber auch deutlich günstiger.

Da sein Weg zur Arbeit und zum Fitnessstudio nur unerheblich länger war, entschloss er sich umzuziehen.
Die neue Straße hieß aufgrund ihres Verlaufs nur „Dreieck" und die Wohnung lag im Dreieck Nummer 13.
An einem Wochenende war der Umzug mit Unterstützung seiner Freunde und einiger Arbeitskollegen schnell erledigt und Bär Muda konnte ins Dreieck einziehen.

Am nächsten Morgen war er für alle Zeiten verschwunden.

Ein Mann seines Namens sollte bei der Wahl der Wohnungsadresse vorsichtiger sein.

Camilla

Auf ihre Art war Camilla durchaus hübsch. Sie war charmant, zu jedermann freundlich, meistens eher zurückhaltend, jedoch nie schlechter Laune.

Sie vermochte es wie keine Zweite auf andere zuzugehen, sich regelrecht in diese hineinzuversetzen und sich den jeweiligen Situationen außergewöhnlich gut anzupassen.

Dies war eine Eigenschaft, die sie bei fast allen, die sie neu kennenlernten, ausgesprochen beliebt machte. Jedermann hatte das Gefühl, schon eine Ewigkeit von ihr gekannt zu werden. Aber es war nahezu unmöglich, Camilla selbst wirklich zu kennen. Dazu hatte sie einfach zu viele unterschiedliche Gesichter.

Dies merkte man natürlich nicht, solange man mit ihr allein war. Sie passte sich so perfekt der Situation und ihrem Gegenüber an, dass letzterer nie auch nur auf die Idee gekommen wäre, an ihrer Wahrhaftigkeit zu zweifeln.

Sobald jedoch eine oder mehrere weitere Personen hinzukamen, begann die Situation kritisch zu werden - nicht für Camilla, nein, aber für die anderen, sofern sie eine Portion Sensibilität an den Tag legten.

Camilla blieb standhaft und unbeirrbar ihrer Eigenart treu. Sie stellte sich auf den jeweiligen Gesprächspartner ein. Änderte sich dieser im nächsten Augenblick, Camilla änderte sich mit. Wurden völlig konträre Meinungen vertreten, kein Problem, Camilla war flexibel und verfügte über die, in Diplomatenkreisen durchaus willkommene Fähigkeit, jeder Meinung eine gewisse Berechtigung zuzubilligen, aber keiner eine Priorität anzugedeihen.

Im Zweifelsfall, wenn sie gezwungen war, sich an mehrere Personen gleichzeitig wenden zu müssen, legte sie eine völlig nichtssagende Neutralität an den Tag. So oder so, es gab nicht wenige, die in solchen Momenten nicht unerheblich von Camilla irritiert waren.

Camilla war sich der Tatsache nicht bewusst, aber ihr Hauptproblem war, einfach nicht in der Lage zu sein, ihre eigene Meinung rigoros vertreten, einfach einmal "Nein" sagen oder gar anderen wehtun zu können.

So passierte es im Extremfall durchaus, dass der eine oder andere ihre Freundlichkeit falsch interpretierte und der Vermutung unterlegen war, Camilla würde ihn womöglich mehr mögen als andere.

Natürlich versuchte sie umgehend, denjenigen, der in die Irre gelaufen war, mit dezenten Hinweisen wieder auf den rechten Weg zu leiten.

Aber in ihrer Scheu, die Wahrheit unverblümt auszusprechen, um zu vermeiden, jemanden verletzen zu müssen, neigte sie dazu, ihre Nachrichten zu verpacken. Sie verpackte alle unschönen Mitteilungen in schöne Worte. Heraus kam eine Art Geschenkpaket mit wunderschönem Papier umhüllt und mit einer schicken Schleife garniert.

So geschah es ab und an, dass der oder die Betroffene zu sehr auf die Verpackung achtete und häufig den Inhalt übersah. Dies führte oftmals dazu, dass Camilla genau das Gegenteil vom dem erreichte, was sie eigentlich wollte.

Ihre über alle Maßen ausgeprägte Anpassungsfähigkeit war eine Sache, an die man sich nur schwer gewöhnen konnte.

Manche schafften dies nie und scheuten es nicht, die Behauptung aufzustellen, Camilla sei opportunistisch, falsch, hinterhältig oder sogar schizophren.

Aber eigentlich war Camilla ein ganz gewöhnliches Chamäleon.

Duncan

Bekanntermaßen gibt es unter den Lebewesen einige wenige die eine unzweifelhaft wichtige und für die Gemeinschaft notwendige Tätigkeit ausüben, aber trotzdem in der Öffentlichkeit kein gutes Ansehen genießen, sondern tatsächlich sogar wie die Pest gemieden werden, so wie beispielsweise Aasgeier, Hyänen, Spinnen, Müllmänner, Rechtsanwälte oder Totengräber.

Duncan, ein männliches Wesen im besten Alter, gehörte zu seinem Leidwesen einer dieser besonderen Spezies an.

Er konnte trotz seiner Tätigkeit nicht von sich behaupten einsam zu sein. Er hatte einen recht großen Freundeskreis und vor geraumer Zeit eine Lebenspartnerin gefunden, mit der er sich gut verstand. Aber sie alle waren seinesgleichen.

Er hatte sie ausnahmslos im engsten Umkreis kennengelernt, sprich während der Ausübung seines Jobs.

Es war nun nicht etwa so, dass Duncan eine außergewöhnlich lange Arbeitszeit und daher kaum Freizeit hätte. Nein, durchaus nicht. Sein Job war hart und Kraft raubend und entsprechend durchaus mit genügend freier Zeit ausgestattet, in der einer seiner unzähligen Kollegen seinen Part übernahm.

Doch zum einen nahm ihn sein Job so sehr mit, dass er den größten Anteil der Freizeit nutzte, um sich zu erholen und neue Kraft zu schöpfen.

Und andererseits war er einfach nicht mobil genug, um seine gewohnte Umgebung zu verlassen und damit auch andere Kreise kennenzulernen. Um ehrlich zu sein, es war ihm in seinem gesamten Leben noch nicht einmal gelungen.

So war es nur natürlich und bloß eine Frage der Zeit bis sich der Gedanke in ihm entwickelte und immer stärker um sich greifende Wurzeln grub, ob dies denn tatsächlich alles sei, was ihm das Leben zu bieten hatte und ob es da nicht noch etwas anderes geben müsse.

Er fühlte sich jung genug, neuen Herausforderungen die Stirn zu bieten und sich in unbekannte Abenteuer zu stürzen.

Bereits wenige Tage später, als einer der selten vorkommenden weniger anstrengenden Arbeitseinsätze hinter ihm lag und er noch genügend Kraft und Ansporn in sich verspürte, machte er sich ohne große Vorbereitungen und Planungen auf den Weg. Spontan entschied er sich für eine Richtung und malte sich aus, welch unbekanntes Ziel ihn wohl erwarten würde.

Er ließ sich treiben.

Die Zeit verging und Duncan fühlte einen Anflug von Enttäuschung in sich aufkeimen und wachsen. Er hatte neue Eindrücke erwartet, fremde Landschaften, unbekannte Gesichter, ein anderes Leben.

Doch wohin er auch schaute, die Bilder glichen sich. Überall glaubte er sich selbst bei seiner alltäglichen Tätigkeit zu erkennen - wie in einem Spiegel.

Er hätte mit absoluter Sicherheit jeden Handgriff vorhersagen können. Alles wiederholte sich, gleich einer Filmsequenz in einer Endlosschleife.

Gut, sagte er sich, die Erklärung für dieses Phänomen liegt auf der Hand. Er war bislang nie eine weitere Strecke von seinem üblichen Umfeld entfernt gewesen. Alles was er gesehen hatte, unterschied sich in nichts von seiner nächsten Nähe.

Er hatte schon immer instinktiv von der Größe seines Aufenthaltsraumes gewusst, aber er hatte sich noch nie Gedanken darüber gemacht, welche Ausmaße das Areal tatsächlich hatte. Offensichtlich war es unendlich. Und selbst wenn es nicht unendlich war oder er auch nur ständig im Kreis gelaufen war, so änderte es doch nichts am Ergebnis.

Was sollte er also weiter wie irre herumlaufen, wo ihn zuhause ein kleines, aber trautes Heim, Freunde und eine vorhersehbare Sicherheit erwartete?

Er konnte keine überzeugende Antwort finden, also machte er sich auf den Weg zurück und kam nach einigen Umwegen, die aber eigentlich nicht als solche zu erkennen gewesen waren, wieder zu seinem Ausgangspunkt zurück.

Alles war beim Alten, seine Nachbarn grüßten ihn, ebenso die Arbeitskollegen am nächsten Tag bei seinem Job - als ob nichts gewesen wäre.

So kam es, dass Duncan, die Dickdarmbakterie, trotz aller Selbstzweifel und obwohl er tief in seinem Inneren genau wusste, dass er wahrlich einen Scheißjob hatte, wieder unermüdlich seinen Dienst tat.

Darum lasst uns Duncan danken.

Edwina

Edwinas Schönheit verblasste zusehends. Es bedurfte nicht den Hinweis anderer, sie selber spürte, dass die Zeit der Jugend endgültig abgelaufen war.

Zurückgezogen, bewusst den anderen aus dem Wege gehend, ruhte sie in einem verborgenen Winkel und bettete ihre schmerzenden Glieder so gut es ging. Ihr immer noch wohlgeformtes Gesicht war von Falten überzogen und der frühere strahlende Glanz ihrer Augen einem resignierten, manchmal Schmerz verzerrten Ausdruck gewichen.

Sie ging ihren verbleibenden Freunden und Bekannten aus dem Wege, um zu verbergen, wie schlecht es ihr ging. Von einem Moment zum nächsten begann jede Bewegung zur Qual zu werden. Nichts von der behänden Eleganz und Anmut war geblieben, die sie so ausgezeichnet hatte.

Edwina kämpfte mit Schmerz, Wut und Verbitterung – sie konnte es einfach nicht verstehen und wollte es nicht wahrhaben, ihr Leben hatte doch gerade erst angefangen.

Noch vor kurzer Zeit war Edwina mit Abstand die Schönste und Attraktivste weit und breit. Sie war der Blickfang schlechthin. Edwina hatte das gewisse Extra, kaum jemandem gelang es, die Augen von ihr zu lassen. Wirklich bei jeder Gelegenheit bildete sie den umschwärmten Mittelpunkt. Sie war der Magnet, der alle anzog.

Kurzum, die Männer lagen ihr zu Füßen, die Frauen beneideten sie.

Ihr Leben war wie ein Traum, ein nie enden wollendes Fest, so schien ihr.

Schön, abwechslungsreich, zwar auch diffus, oberflächlich und substanzlos, doch wen störte das.

Bekanntschaften begannen und endeten, gleich einem Karussell, das manchmal anhielt, um neue Fahrgäste aufzunehmen - das sich manchmal schneller und schneller drehte und Mitreisende abwarf, die zu leichtsinnig oder zu schwach wurden.

Ein ständiges Streben zum Licht - Dunkelheit war nicht gefragt, Müdigkeit war nicht erlaubt. Wer ruhte, verlor. Wer verlor, wurde nicht betrauert, sondern ausgetauscht.

Für Rücksichtnahme war kein Platz. Der Schwache wurde durch den Stärkeren ersetzt.

Husch, husch, husch und weiter geht's.

Es gab nichts zu verlieren. Alles war im Überfluss vorhanden, nur die Zeit war knapp. Nichts war von Dauer, nur die Abwechslung zählte.

Vielleicht mal ein etwas längerer Blick, eine etwas längere Berührung, doch dann war der Nächste an der Reihe. Sicher, es gab einige, die sich ernsthaft bemühten, die sie dauerhaft für sich gewinnen wollten, die ihr ein wenig Ruhe schenken wollten, Beständigkeit.

Aber das war nicht ihre Welt. Warum sollte sie sich einschränken?

Die Auswahl ist groß, nimm was du kriegen kannst.

Beständig ist nur der Tod. Wer für Morgen plant, verpasst das Heute.

Nach diesem Motto lebte Edwina.

Schneller, schneller, immer schneller, erst recht, wenn man spürt, dass der Körper nach einer Pause verlangt.

Das Fest näherte sich dem Höhepunkt. Die Zeit verging wie im Fluge.

Da war für Auszeiten kein Platz. Die Konkurrenz schlief nicht. Immer neue Gesichter tauchten auf. Immer mehr jüngere, die ihren Platz einnehmen wollten und denen dies auch mehr und mehr gelang.

So dauerte es nicht allzu lange und sie musste plötzlich wie nach einem Fingerschnippen entdecken, dass sie allein war. Der Traum ging weiter, aber für sie war darin kein Platz mehr.

Ein paar wärmende Sonnenstrahlen erreichten den Winkel, in den sie sich verkrochen hatte und spendeten ihr etwas Linderung. Doch die Strahlen verloren die Kraft im gleichen Maße wie Edwina ihre Kraft verlor.

Der Tag neigte sich dem Ende zu und die Dämmerung zog unaufhaltsam auf.

Kurz und gut - Edwina musste wie unzählige Generationen zuvor am eigenen Körper gewahr werden, dass das Leben einer Eintagsfliege tatsächlich wie ein Wimpernschlag vorüber ging.

Freddy

Freddy war wirklich eine traurige Gestalt.

Er traute sich einfach nicht, er traute sich zu gar nichts.

Es begann bereits in der frühesten Kindheit. Er traute sich nicht zu schreien, wenn er die Windeln voll hatte oder wenn ihm zu warm oder zu kalt war. Selbst Hunger und Durst mussten schon gigantische Ausmaße angenommen haben, bevor er zaghaft sein Leid klagte.

Er hatte durchaus einen eigenen Geschmack und einen eigenen Willen, nur traute er sich nicht, dies kundzutun. Natürlich war er bei Omas, Opas, Tanten, Onkeln etc. sehr beliebt, da er soooo lieb war, sprich extrem pflegeleicht. Darum wurde er regelmäßig mit Spielsachen und sonstigem Krimskrams überhäuft. Alle glaubten, Freddy würde sich auch über die banalsten und hässlichsten Dinge freuen, da er sich prompt stundenlang mit diesen Dingen beschäftigte. Tatsächlich gab es aber nur wenige Spielsachen, an denen er sich freute. Aber er traute sich einfach nicht, die Dinge, die er in die Hand gedrückt bekam, zur Seite zu legen und sich etwas anderes zu nehmen.

Das Problem pflanzte sich fort bis hin in die Schulzeit.

Er war beileibe nicht dumm, seine schriftlichen Arbeiten lagen durchweg über dem Durchschnitt, aber die Noten für die mündliche Mitarbeit lagen stets am denkbar tiefsten Niveau. Er traute sich kaum etwas zu sagen, wenn er gefragt wurde und erst recht nicht, sich freiwillig mit Wortbeiträgen am Unterricht zu beteiligen.

Freundschaften, falls es denn überhaupt jemals so weit kam, waren nie von langer Dauer. Sie endeten spätestens dann, wenn es darum ging, aus eigenem Ansporn heraus etwas zu tun, sei es eine Verabredung zu treffen, seine Eltern zu fragen, ob er sich mit einem Freund treffen dürfe oder gar eine Mutprobe zu bestehen. Er traute sich einfach nicht.

Die meiste Zeit hockte er daher verschüchtert in irgendeiner Ecke, wobei ihm die verstecktesten Ecken die liebsten waren. Denn in diesen Ecken war die Chance am größten unentdeckt, ungestört und unangesprochen zu bleiben und damit einer weiteren Blamage zu entgehen.

Die Jahre gingen ins Land und in einem unachtsamen Augenblick begab es sich tatsächlich, dass Freddy, logischerweise mehr gezwungenermaßen, ein weibliches Wesen namens Frederike kennenlernte. Man sollte vielleicht besser sagen, Frederike lernte Freddy kennen, denn natürlich war es Frederike, die die Initiative ergriffen und Freddy angesprochen hatte.

Natürlich traute sich Freddy nicht, Frederikes Wunsch nach einem erneuten Treffen zu zweit zuzustimmen, aber da er sich bei ihrer wiederholten Bitte auch nicht traute abzulehnen, kam es zwangsläufig zu einem Wiedersehen.

Dies war Freddy insgeheim auch gar nicht unlieb, da er Frederike durchaus mochte.

Es wird nicht erforderlich sein, zu erwähnen, dass Freddy sich nicht traute, dies auch kundzutun.

Glücklicherweise nahm Frederike das Heft in die Hand und so konnte sich langsam und gemächlich eine erfreuliche Beziehung entwickeln.

Frederike hatte viel Geduld mit Freddys Manko, ärgerte sich aber doch das eine ums andere Mal, wenn er wieder mal auch die kleinste Spur von Mut vermissen ließ.

So war der Austausch von Zärtlichkeiten nur nach der Überwindung größter Hemmschwellen möglich, wenn sie es denn mal schafften, allein zu sein. Selbiges in der Öffentlichkeit war so gut wie unvorstellbar.

Doch auch die allgemeinen Widrigkeiten, die das Leben so mit sich bringt, stellten Freddy immer wieder vor große Probleme. Ob es darum ging, sich gegen Vordrängler in diversen Warteschlangen zu wehren oder den Briefträger um Aushändigung der Post zu bitten, bevor er diese in den Briefkasten warf, Freddy traute sich nicht.

Ob sie in einer fremden Stadt waren und es darum ging, nach dem Weg zu fragen oder bei einem Großeinkauf einen Rabatt auszuhandeln - ob es darum ging, in einem Restaurant ein nicht zufriedenstellendes Essen zu reklamieren oder aufdringliche Vertreter an der Haustür abzuwimmeln, Freddy traute sich nicht.

Nichtsdestotrotz hatte sich Frederike nach geraumer Zeit in den Kopf gesetzt, mit Freddy zusammen eine gemeinsame Wohnung zu beziehen und so machten sie sich auf die Suche nach einer solchen. Freddy erklärte sich gern bereit, geeignete Objekte in den Zeitungsannoncen zu suchen und zu markieren. Frederike übernahm dafür die notwendigen Telefonate.

Schließlich konnten sie die vermeintlich ideale Wohnung ausfindig machen und verabredeten sich mit dem Makler zu einem Besichtigungstermin. Die Wohnung war sehr schön gelegen, zwar recht teuer, aber durchaus noch innerhalb des finanziellen Rahmens, den sich zuvor die beiden gesetzt hatten. Beide fanden sofort Gefallen an der Wohnung, aber die Zahl der Interessenten war sehr groß. Der Makler wies ausdrücklich darauf hin und empfahl sich tunlichst sofort zu entscheiden, da er entschlossen war, dem ersten geeigneten Interessenten den Zuschlag zu geben.

Frederike war ohne Zögern bereit, den Mietvertrag an Ort und Stelle zu unterzeichnen, doch Freddy - Freddy hatte ein Problem damit - Freddy traute sich nicht.

Sie sagte: „Ooh Freddy, nun trau dich doch endlich mal!" Sie schaute ihn bittend mit ihren großen grauen Augen an und flehte „Bitte, bitte, Freddy, sei kein Frosch!"

Freddy zögerte einen Moment, dann noch einen oder zwei.

Aber nach einem kurzen heftigen Kampf mit sich selbst, den er überraschenderweise gewann, traute er sich endlich, nahm all seine Kraft zusammen und, schwupps, wurde aus Freddy, dem Frosch, ein Prinz.

Gordon

Es war ein schöner, aufregender Tag.

Gordon hatte Ewigkeiten in einer großen Zoohandlung verbracht und konnte sich einfach nicht satt sehen an der Vielzahl fremdartiger Tiere, Fische, Vögel, Reptilien und Säugetiere unterschiedlichster Formen, Farben und Größen.

Draußen hatte es den ganzen Tag geregnet, doch dies störte Gordon nicht. Um ehrlich zu sein, er hatte es gar nicht bemerkt, so sehr war er in der Betrachtung der Tiere und den Gedanken über ihre ursprüngliche Heimat und ihre möglichen Abenteuer vertieft.

Kurz bevor das Geschäft schloss, die Dunkelheit hatte bereits die Straßen erfüllt, betrat Ferdinand die Zoohandlung.

Ferdinand hatte den großen schwarzgrauen Bentley direkt vor der Eingangstür geparkt und sollte Gordon in das Anwesen der Familie Usher chauffieren, bei der Ferdinand schon viele Jahre als Fahrer angestellt war.

Es fiel Gordon nicht leicht sich von den Tieren zu trennen. Er wusste nicht, wann und ob er sie wieder sehen würde.

Nach einigem Hin und Her nahm Ferdinand Gordon auf den Arm und beide verließen den Laden. Kaum hatten sie die Eingangstür passiert, wurde die Zoohandlung vom Besitzer verriegelt, denn es war schon spät geworden.

Nachdem sich Ferdinand vergewissert hatte, dass Gordon gut gesichert im Auto Platz genommen hatte, setzte er sich auf den Fahrersitz, startete den wie eine gut gelaunte Katze schnurrenden Motor, schaltete das Licht ein und fuhr los.

Bereits nach wenigen Minuten hatten sie die Innenstadt verlassen, der Feierabendverkehr hatte noch nicht in voller Stärke eingesetzt. Niemand, der es nicht unbedingt musste, bewegte sich bei den kühlen Temperaturen und dem unangenehm böigen Wind, der einem die Regentropfen entgegen blies, außerhalb seiner wohlig warm beheizten Wohnung.

Ferdinand war ein guter, erfahrener Fahrer und der Bentley lag, wie eine Puppe im Kinderbett, sicher auf der Straße. Schon bald nahm die Anzahl der Mietskasernen zugunsten der kleinen Eigenheime ab, die sich aneinander reihten und sich nur dadurch unterschieden, dass anderes Fassadenmaterial und Farben gewählt wurden oder mehr oder weniger geschmackvoller Zierrat wie Gartenzwerge oder Vogeltränken die Vorgärten schmückte.

Aber auch die kleinen Einfamilienhäuser wurden rarer und überließen noblen Villen auf großflächigen Grundstücken das Terrain.

Das riesige Anwesen der Familie Usher lag etwa eine halbe Autostunde vor der Stadt in einer einsamen wildreichen Gegend im Herzen eines mehrere hundert Jahre alten Mischwaldes mit einer Vielzahl von Teichen und kleineren Seen. Eine der wichtigsten Aufgaben der drei Gärtner der Ushers bestand darin, dem urwüchsig wuchernden Wald das mehrere Hektar große parkähnliche Gelände abzuringen, in dessen Mitte sich das mittelalterliche Schloss der Ushers erhob.

Die einzige Straße dorthin war frei von jedem Durchgangsverkehr. Nur die Familienmitglieder selbst, die wenigen Besucher der Familie, die Angestellten und Lieferanten sowie vereinzelt Wanderer, Angler oder Jäger nutzen die schmale Straße, die sich kurvenreich und altersschwach zwischen den Bäumen, Seen und Teichen hinschlängelte.

Ferdinand kannte diese Straße und auch den Wagen wie seine eigene Westentasche und erhöhte die Geschwindigkeit, nachdem sie das Ortsausgangsschild hinter sich gelassen hatten.

Wenn er Gordon wohlbehalten abgesetzt haben würde, konnte er endlich seinen verdienten Feierabend antreten.

Ihm war bewusst, dass die Straße nass war und aufgrund der feuchten Blätter stellenweise rutschig sein konnte, aber er vertraute der Straßenlage des Bentleys und seinen eigenen Fahrkünsten voll und ganz.

Er wusste alle besonders gefährlichen Stellen zügig, aber doch auf Sicherheit bedacht, zu nehmen.

Was er nicht wusste, war die Tatsache, dass während seiner Abwesenheit Heizöl geliefert worden war und er wusste ebenfalls nicht, dass der Tankwagenfahrer unachtsam gewesen war, das Ablassventil nicht ordnungsgemäß verschlossen hatte und auf dem Rückweg in engen Kurven mehr als einige Tropfen Öl verloren hatte.

Wenige Minuten vor dem Ziel an den Ufern des größeren Teiches machte die Straße eine scharfe Linkskurve. Dies war insgeheim Ferdinands Lieblingskurve, da sie leicht nach außen überhöht war und daher mit einer größeren Geschwindigkeit befahren werden konnte. Ferdinand beschleunigte. Gordon bemerkte dies nicht, da er viel zu sehr beschäftigt war mit den Eindrücken aus der Zoohandlung und dem, was ihm im Hause Usher am heutigen Abend noch widerfahren würde.

Der Regen hatte an Intensität zugenommen und die Sicht entsprechend verschlechtert, so dass Ferdinand die breite Ölspur nicht rechtzeitig erkannte, die sich in den buntesten Regenbogenfarben in der Kurve verteilte.

Ferdinand lenkte, um den Wagen dem Kurvenverlauf entsprechend die richtige Richtung zu geben, aber die Bodenhaftung der Reifen war vollends verloren gegangen, so dass der Bentley seine bisherige Richtung beibehielt und geradeaus in die hölzerne Straßenbegrenzung raste. Die leichte Überhöhung der Kurve und die Geschwindigkeit sorgten dafür, dass der Wagen leicht vom Boden abhob, mit den Rädern den Holzzaun mit lautem Krachen zerbersten ließ und mit einem eleganten Abwärtsbogen auf die dahinter liegende Uferböschung aufschlug.

Da sich die Böschung nicht nur zum Teich, sondern auch zur rechten Seite hin steil neigte, überschlug sich die Karosse mehrmals und landete schließlich mit dem Wagenboden auf der Wasseroberfläche.

Es hätte also schlimmer kommen können.

Allerdings war bei dem mehrfachen Überschlag Ferdinands Kopf gegen die Wagentür geschleudert worden, der eine Platzwunde erlitt und das Bewusstsein verlor.

Gordon dagegen hatte Glück und bekam nur einen gehörigen Schrecken, blieb aber ansonsten unverletzt. Er hörte überdeutlich wie beim Aufprall auf die Böschung die Seitenbleche demoliert wurden, die Fensterscheiben zerbarsten und der Bentley mit lautem Platschen auf dem Teich landete. Durch die heftige Wellenbewegung wurde der sandige Teichboden aufgewirbelt und das üblicherweise glasklare Wasser trübte schlagartig ein.

Die Karosse schwankte einige Minuten wie ein träger Kahn auf der Teichoberfläche. Dann jedoch hörten die Wellenbewegungen auf, Wasser drang in den Motorraum und der Wagen neigte sich gemächlich nach vorn. Gleichzeitig begann durch den Spalt, der sich gebildet hatte als beim Unfall die Fahrertür eingedrückt wurde, Wasser in den Innenraum einzudringen - zunächst langsam, dann stetig mehr, kleine Fontänen erzeugend.

Mittlerweile füllte sich auch der Kofferraum mit trübem Teichwasser und der Bentley pendelte sich wieder in eine nahezu horizontale Lage ein.

Gordon beobachtete völlig irritiert und wie unbeteiligt, wie der Wasserspiegel mittlerweile die Sitzfläche der Leder überzogenen Polster erreichte und Blasen werfend mehr und mehr anstieg.

Ferdinand stöhnte und begann langsam das Bewusstsein wieder zu erlangen.

Das Wasser stand bereits knapp auf Höhe der zerborstenen Fenster als Ferdinand zu sich kam und verzweifelt versuchte den Sicherheitsgurt zu lösen.

Im nächsten Moment war es geschehen, der Wagen war um wenige Zentimeter weiter eingesunken und das Wasser drang mit großem Schwall durch die offenen Fenster der Fahrerseite. Das Auto verlor dadurch vollends sein Stabilität, neigte sich schlagartig zur Seite, worauf noch mehr Wasser eindrang.

Der Wagen landete mit einem kleinen Ruck in etwa zweieinhalb Meter Tiefe seitlich auf dem Teichboden. Ferdinands Schrei wurde durch das Wasser erstickt, das bereits seine Lungen zu füllen begann. Mit letzter Kraft dreht er sich auf seinem Fahrersitz nach innen in Richtung Wasseroberfläche und versuchte das noch intakte Fensterglas der Beifahrerseite zu zertreten – zwecklos.

Gordon konnte bereits das ungewohnte sandige Teichwasser schmecken, als er mit der letzten großen Luftblase aus dem Wageninneren nach außen gerissen wurde.

So kam es, dass Ferdinand, der Fahrer der Familie Usher sein Leben verlor und Gordon, der Goldfisch, auf eine ungewöhnliche, höchst glücklich zu nennende Weise seine Freiheit gewann.

Hoffmann

Freiheit – selbst als er das Wort noch nicht kannte, war es für ihn die Größe, welche sein Leben bestimmen sollte.

Wie oft musste er die Geschichte seiner Geburt hören, bei jeder Feier, bei jedem Treffen der Familie, immer und immer wieder.

Denn Hoffmann stellte für alle bei der Geburt Anwesenden ein absolutes Phänomen dar. Die Hebamme und der Arzt, aber vor allem seine Mutter hatten so gut wie keinerlei Anstrengungen zu leisten, um ihn als neuen Erdenbürger begrüßen zu können.

So als wäre er froh, der Enge des Mutterleibes entfliehen zu können, hangelte er sich nahezu dem Licht der Welt entgegen und als er es erblickte, stieß er mit einer Art Lächeln auf den Lippen einen kleinen Begrüßungsschrei aus, so dass auf den üblichen Klaps aufs Hinterteil verzichtet werden konnte.

Ein Geschrei andere Art stieß er jedoch aus, als man ihm sogleich ein Stück der gerade gewonnenen Freiheit mit Kleidungsstücken und Decken wieder nehmen wollte. Aber er war von den Anstrengungen geschwächt, von seiner ersten aktiven Nahrungsaufnahme wohlig gesättigt und mit der Verarbeitung der vielen neuen Eindrücke beschäftigt, woraufhin er seinen Unwillen sehr schnell vergaß.

Die Eigenart, alles Einengende möglichst zu vermeiden, blieb ihm erhalten. So merkte er, dass Schuhe das Laufen lernen durch die zusätzliche Stabilität deutlich erleichterten und Laufen wollte er so schnell wie möglich, um ein weiteres Stück Freiheit zu gewinnen, aber es war eine Qual für ihn den Kerker der Schuhe an seinen Füßen zu spüren.

Sein unbändiger Freiheitsdrang ließen ihn dem Tag entgegen fiebern, an dem er eine neue Welt entdecken durfte und in den Kindergarten kam. Es war großartig - eine neue Umgebung, neue Spiele, andere Mitmenschen. Aber es dauerte nicht lange, bis er merken musste, dass auch hier enge Grenzen gesteckt waren, die ihn einengten und schon bald die Lust verlieren ließen.

Umso größer war seine Vorfreude auf die Schule, von der er sich offene Türen zu ungeahnten Dimensionen erhoffte. Aber schon allzu bald musste er auch dort feststellen, dass starre Lernpläne, Reglementierungen und Borniertheit kaum Platz für Freiheit ließen.

Er lernte jedoch, dass Freiheit im wahrsten Sinn des Wortes ihren Preis hat. Zu oft musste er sowohl in seinem Elternhaus als auch in den Familien seiner Schulfreunde erleben, dass der alltägliche Kampf um die Realisierung der grundlegenden Bedürfnisse allein finanziell kaum Raum ließ, sich Freiheiten herauszunehmen.

So bemühte er sich trotz aller ungeliebter Fesseln während seiner Schulzeit mehr als nur das Notwendigste zu tun, um später die Freiheiten des Studentenlebens und die Genüsse eines gut bezahlten Jobs zu erlangen.

Dieses Ziel verlor er auch nicht aus den Augen, als sich ihm die neue Welt der zwischenmenschlichen Beziehungen mit all ihren Rätseln und Möglichkeiten öffnete.

Wie sehr liebte er die guten Tage an denen sich sein Gegenüber öffnete und seine eigene Grenzen erweitern half.

Aber stets schwebte über den Beziehungen als Schatten die Gewissheit, sich anpassen und somit ein Teil seiner Freiheit aufgeben zu müssen - ein Schatten, der stetig größer wurde und früher oder später unweigerlich zum Ende jeder Beziehung führte.

Er schaffte seinen Schulabschluss mit hervorragendem Ergebnis, so dass ihm alle Wege in die Universität offen standen. Die Frage war nur, welche Fachrichtung er einschlagen sollte.

Was konnte seinen Wünschen gerechter werden als die Freiheit des Geistes, die er sich vom Studium der Philosophie erhoffte? Doch wie groß war seine Enttäuschung, als er von der Starrheit der Einweisung in die grundlegenden philosophischen Schulen und vom Dogmatismus nahezu erschlagen wurde.

Schnell wurde ihm klar, dass dies nicht sein Weg sein konnte. Nach kurzem Zögern entschied er sich für die Naturwissenschaft. Die unbegrenzten Möglichkeiten der Forschung mussten ihn seinen Zielen näher bringen. Geradezu zwangsläufig entschied er sich für die Astrophysik mit dem Ehrgeiz, die notwendigen Voraussetzungen zu schaffen, die ihm eines Tages die Möglichkeiten geben würden, als Astronaut die Grenzen der Erde verlassen und die Unendlichkeit des Universums erreichen zu können.

Nachdem er diesen Entschluss gefasst hatte, nahm er die ihm schon bekannten quälenden Beschränkungen während des Grundstudiums in Kauf. Um das Studium zu finanzieren musste er zwischenzeitlich arbeiten gehen. Um sich nicht unnötig weiteren Schranken auszusetzen, suchte er möglichst selbstständige Arbeiten, bei denen er sich nicht in die Abhängigkeit anderer begab und damit eigenen Freiraum zu beschneiden hatte. Was lag da näher als die viel beschworene Freiheit der Landstraße zu suchen.

Eigentlich wunderte es ihn aber nicht, dass er bei dem nicht sonderlich gut bezahlten Job als Fernfahrer mit den extrem eng bemessenen Zeitspannen, die ihm für seine Touren zur Verfügung standen und dem üblichen Stress durch schlechte Witterungsverhältnisse, Staus sowie technische und organisatorische Unzulänglichkeiten alles andere als Freiheit erwartete.

So nahm er denn Jahr um Jahr die Schwierigkeiten in Angriff, die notwendig waren, sein Studium zu finanzieren. So kämpfte er mit den kaum geringer werdenden Beschränkungen an der Universität, nahm klaglos die Strapazen während seiner Zusatzausbildung zum Astronauten in Kauf, um schließlich und endlich eines Tages ein Raumschiff zu betreten, das ihn in die unbegrenzten Weiten des Alls bringen sollte.

Die ersten Tage waren mit diversen wissenschaftlichen Arbeiten ausgefüllt, die ihm kaum Zeit ließen sich an der Enge seiner Raumkapsel zu stören.

Dann am dritten Tag seiner Reise sollte er in einen Raumanzug schlüpfen, um außerhalb seines künstlichen Kokons einige Experimente zur Materialerforschung unter Einfluss des Vakuums und der Schwerelosigkeit durchzuführen.

Planmäßig, mit gewohnter Exaktheit absolvierte er die Versuchsreihen, dokumentierte die Ergebnisse und erhielt anschließend vom Kontrollzentrum den Befehl, seinen Weltraumspaziergang zu beenden und in das Raumschiff zurückzukehren.

Doch Hoffmann hatte einen Entschluss gefällt.

Sich seiner sicher, gezielt und ruhig öffnete Hoffmann das Visier seines Helmes in der Hoffnung, der von ihm so begehrten Freiheit den entscheidenden Schritt näher zu kommen.

Iris

Sie ist eine unter Unzähligen.

Sie ist etwas ganz Besonderes.

Sie ist in ihrer Vielseitigkeit eindeutig und unverwechselbar.

Es ist wahr.
Wo immer sie erscheint fällt ein Schatten auf ihre Umgebung. Es ist wie ein Fluch.
Und oft vergisst sie, dass sie nicht nur Schatten verursacht. Oft vergisst sie, dass der Eine, der Auserwählte durch sie geradezu erstrahlt.

Es ist wahr.
Sie ist gefährlich. Zahllosen hat sie Schmerzen zugefügt. Zahllose haben sich an ihr verbrannt.
Doch oft vergisst sie, dass sie auch Wärme schenkt. Oft vergisst sie, dass Du nicht dauerhaft auf sie verzichten kannst.

Es ist wahr.
Sie ist gnadenlos. Manchmal gibt es keine Möglichkeit, ihr zu entfliehen. Wohin immer Du Dich wendest, sie ist bereits da - in ihrer unerbittlichen Präsenz.
Manchmal ist sie unauffindbar, selbst wenn es Dich noch so sehr nach ihr verlangt. Du wirst niemals Einfluss darauf nehmen können.

Es ist wahr.
Sie ist nicht fixierbar. Ihr Wesen in Worte zu hüllen ist eine unlösbare Aufgabe. Du kannst versuchen sie zu beschreiben und doch wirst Du immer nur eine von unendlich vielen Facetten fassen können.
Iris ist empfindsam. Erscheint auch nur eine Wolke am Horizont, zieht sie sich zurück und verschwindet. Dunkelheit ist ihr Feind.

In der Dunkelheit wirst du sie niemals finden. Ohne sie wird Dunkelheit sein.

Doch sind Wolken und Nacht vergangen, erscheint sie erneut und mit scheinbar noch strahlenderem Antlitz.

Iris trägt schwer an ihrem Schicksal, so schwer, dass sie manchmal daran zu zerbrechen droht.

Sie ist, wie sie ist. Du kannst sie nicht ändern. Sie braucht ihre Freiheit. Versuchst Du sie einzufangen, geht sie verloren.

Das ist Iris.

Iris – der Sonnenstrahl.

Jojamee

Er spürte, dass der Beginn seiner Reise kurz bevorstand. Noch hatte er das Alter nicht erreicht, in dem laut ungeschriebenem Gesetz die Reise unabdingbar war.

Doch seine Kräfte begannen langsam zu schwinden, der Weg würde lang und beschwerlich sein und warum sollte er das Unvermeidliche unnötig herausschieben, zumal es kaum noch etwas gab, das ihn zu halten vermochte.

Viele seiner alten Freunde hatten sich bereits vor geraumer Zeit auf den Weg gemacht und diejenigen, die noch da waren, hatten sich im Laufe der Jahre verändert, mussten dem Alter Tribut zollen, waren einfach nicht mehr die Personen, die einen festen Platz in seiner Erinnerung einnahmen.

Der Sommer hatte seine heißen Tage hinter sich gelassen und einem goldenen Herbst Platz gemacht, der tagsüber eine wohltuende Wärme spendete und auch in den Nächten noch nichts von einem nahenden Winter erahnen ließ.

In den letzten Wochen hatte sich Jojamee mehr und mehr zurückgezogen und ging seinen Bekannten und Verwandten möglichst aus dem Weg, um ungestört die notwendigen Vorbereitungen für seinen Aufbruch durchführen zu können. Er bereitete sein Haus so weit möglich und fixierte seine Hinterlassenschaften mit reiflicher Überlegung in sorgfältig ausgearbeiteten Dokumenten, die die Betroffenen nach seinem Weggang problemlos zur rechten Zeit würden finden können.

Er verbrachte lange Zeit damit aufs Genauste zu überlegen, was er auf seinem bevorstehenden Weg mit sich nehmen würde, um sicherzustellen, dass er keines der Dinge vergaß, die sich auf seiner Wanderung als hilfreich erweisen würde, aber sich auch nicht mit unnötigem Ballast zusätzliche Bürden aufzulasten.

Nachdem endlich seine Vorbereitungen abgeschlossen waren, verstaute er Gerätschaften und Proviant, welches ihm auf seiner Wanderung Hilfe und Labsal spenden sollte, in zwei groben wetterfesten Rucksäcken, die er bequem würde tragen können, gönnte sich ein üppiges Mahl und ging früh zu Bett, um nochmals Kraftreserven anzusammeln.

Die ersten Geräusche des beginnenden Tages ließen Jojamee aus einem tiefen erholsamen Schlaf erwachen. Mit der Gewissheit keine unerledigte Angelegenheit zurückzulassen, nahm er unbeschwert sein letztes Frühstück in seinem liebgewonnenen Heim zu sich, zog seinen Mantel über und ergriff sein Gepäck.

Nachdem er einen letzten Blick hatte schweifen lassen, verließ er sein Haus und zog die Tür unverschlossen hinter sich zu.

Leise, aber ohne Zögern durchquerte er das Dorf, in dem ihm, wie erhofft, niemand begegnete, da die übliche Zeit mit dem Tagewerk zu beginnen noch nicht gekommen war.

Nach kurzer Zeit erreichte er die Dorfgrenze, hinter der sich ein weites fruchtbares Grasland mit Obstbäumen anschloss.

Mit unbeschwerten Schritten folgte er dem kiesbedeckten Weg, der zu beiden Seiten von Tau geschmückten Wiesen gesäumt war, auf denen sich bunte Herbstblumen sanft im Wind wiegten. Hier und da konnte er Schmetterlinge, Bienen und andere Insekten entdecken, die bereits ihren unermüdlichen Weg zwischen Blüten und reifen Früchten aufgenommen hatten.

In der Ferne hörte er schon den kleinen Flusslauf plätschern, der das Dorf mit erfrischendem Quellwasser aus den Bergen versorgte. Nach wenigen Minuten überquerte er das lebhaft Richtung Dorf fließende Gewässer über eine alte, etwas wacklige Holzbrücke und verließ damit endgültig den dörflichen Einzugsbereich.

Die Obstbäume hatten mittlerweile ihren Platz geräumt für eine Vielzahl von verschiedenen Laubbäumen und wenigen Nadelhölzern. Die Baumdichte nahm mehr und mehr zu und Pilze begannen die Wiesenblumen zu verdrängen.

Das bislang ebene Gelände zeigte erste kleine Hügel und stieg langsam aber stetig an.

Die Sonne hatte schon ihren Zenit überschritten als Jojamee eine Rast einlegte, auf einem bemoosten Baumstumpf Platz nahm und sich ein gehöriges Stück von seinem Proviant schmecken ließ.

Er, der er körperliche Anstrengung nicht mehr recht gewohnt war, spürte seine Beine und seinen Rücken, gönnte sich eine ausgiebige Pause und machte sich erst am frühen Nachmittag daran seine Reise fortzusetzen.

Schon längst war der Weg, auf dem er seine Reise begonnen hatte, zu einem schmalen überwucherten Pfad geworden und bald nicht mehr als solcher zu erkennen. Aber die Sonne leitete Jojamee weiter Richtung Norden. Der Wald wurde zusehends dichter. Lichtungen waren nur noch selten zu erblicken.

Seine Wanderung führte ihn recht steil bergan und der Anteil an Nadelbäumen überwog mittlerweile. Da die Baumwipfel größer und mächtiger wurden und den Blick auf die langsam im Westen untergehende Sonne erschwerte, suchte sich Jojamee ein Nachtlager und fiel kurz nachdem er eine Mahlzeit zu sich genommen und es sich im weichen Laub bequem gemacht hatte, in einen tiefen ungestörten Schlaf.

Die Sonne schimmerte bereits durchs Geäst als Jojamee erwachte. Ihm war ein wenig kalt und er spürte die gestrige Anstrengung in seinen Beinen, aber ansonsten fühlte er sich wohl und ausgeruht. Er reckte seine Glieder und machte ein Feuer, auf dem er sich ein kräftiges Frühstück zubereitete und anschließend mit großem Genuss verspeiste.

Er konnte nicht sagen, wie spät es sein mochte, er wusste jedoch, dass der beschwerliche Teil seiner Reise noch vor ihm lag. Die Sonne wies ihm die Richtung und so löschte er das Feuer, verstaute seine Sachen und machte sich auf den Weg.

Es ging stetig bergan, die Laubbäume waren vollends verschwunden und das Unterholz war stellenweise so dicht, dass sich Jojamee mit seinem Langmesser den Weg bahnen musste. Die Mittagszeit näherte sich bereits als der Wald zusehends lichter wurde und den Blick freigab auf das nachfolgende Gebirge mit einem dominierenden schneebedeckten Gipfel. Dorthin strebte Jojamee.

Erst als Jojamee die Baumgrenze erreicht hatte und nackter Fels und Geröll den Boden bildeten, gönnte er sich eine kurze Pause. Er wollte noch bis zum Ende des Tages sein Reiseziel erreichen.

Die Luft hatte sich deutlich abgekühlt und war dünner geworden.

Der Berghang war so steil, dass Jojamee nunmehr nur noch auf allen Vieren vorankam. Immer häufiger erblickte er in schattigen Nischen, in die kein wärmendes Sonnenlicht dringen konnte, verharschten braunschwarz verschmutzten Schnee, der auch im vergangenen Sommer nicht geschmolzen war.

Wolken zogen auf und verdeckten die Sonne, die langsam auf der linken Seite der höchsten Ausläufer des Bergkamms herabzusinken begann. Jojamee fror, all seine Glieder schmerzten und er verspürte die Erschöpfung nahen. Aber er gönnte sich keine Pause - einen Ort, an dem er seinen müden Körper hätte ausruhen können, gab es hier ohnehin nicht und sein Proviant war verbraucht. Also raffte er sich auf, zog seine Handschuhe an, um bei seinen Griffen in den Schnee nicht das Gefühl in den Fingern zu verlieren, entledigte sich seiner Rucksäcke, deren Inhalt auf seiner letzten Etappe nicht mehr von Nutzen sein konnte und kletterte weiter.

Die Sonne war hinter der Bergkette verschwunden. Rotes Licht drang hinter den Bergen hervor und verriet, dass die Sonne noch nicht gänzlich untergegangen war. Kurz bevor die letzten diffusen Lichtstrahlen der Dunkelheit wichen, riss im Rücken von Jojamee die Wolkendecke auf und der Mond erleuchtete die Schneeflächen und wies Jojamee den Weg.

Mühsam, seine letzten Kraftreserven mobilisierend erreichte er den schneebedeckten Berggipfel. Eisiger, aber erfrischender Wind blies ihm ins Gesicht und vermochte vereinzelte Schneekristalle aus dem tiefgefrorenen Untergrund zu lösen und in die Tiefe zu wehen.

Jojamee hatte sein Ziel erreicht.

Im Zentrum des Gipfels fand er die mit weichem Neuschnee gebettete Mulde, von der er in unzähligen Erzählungen gehört hatte.

Er schlang seinen warmen Fellmantel eng um seinen Körper und legte sich rücklings auf den weichen Untergrund, der zu seiner großen Verwunderung nur leichte Kälte ausströmte und seinen Mantel nicht durchdringen konnte.

Als er seine Augen dem Mond zuwandte, seinem ersten und letzten verbliebenen Freund, verhüllte nicht eine Wolke seinen Blick.

Ihm gingen die unzähligen Momente wie sorgfältig auf einem Schmuckband aufgereihte polierte Perlen durch den Kopf, in denen er wie jetzt seinen innigsten Begleiter angeschaut hatte und ein leichtes Lächeln umspielte seine Lippen, bevor der die Augen schloss, eine winzige Träne aus dem Augenwinkel hervortrat und das Mondlicht reflektierte.

Konrad

Konrad hat schlechte Laune.

Soll er schlafmützig, schlaftrunken schleichend seine seit September säuberungsbedürftige Schlafstätte schwankend verlassen und durch sonnendurchflutete Seitenstraßen scheinbar schönere Seinsformen suchen?

Oder doch dableiben, dort in der dunklen Dachkammer düstere depressive Darstellungen der Darwin'schen Dauerdissonanz durchdenken?

Holt er sich heißbegehrte Hoffnung - hüpfend über hüfthohe Halme oder hinkend zwischen hartnäckig haftenden Holunderbüschen?

Bleiben bessere Bedingungen bloß· bösen Beelzebuben vorbehalten, besonders bei bis zur Besinnungslosigkeit betriebenen Besäufnissen beidseitig behinderter bayrischen Bauernburschen?

Wartet wärmende wenigen Wahrscheinlichkeitsschwankungen unterworfene Wahrheit - wohl winselnd im wabbernden Wackelpudding, womöglich während wetterbedingter Wärmeabsorptionen oder eher wulstig im wohldefinierten Wirrwarr des westlichen Winden unterworfenen Wüstensands?

Konrad kennt keine konkrete Konfliktlösung.

Turteln türkisfarbene tollkühne Tauben trunken trotz tosender Tornados?

Essen ehrfürchtig ergraute Esel eigentlich Erdbeereis?

Finden sich feine friedfertige Frohnaturen f(v)ielleicht beim fahrenden Fachmann mit Fachbildung im frohsinnigen Feiern oder fallen fünf fernbediente Festkörperphysiker fäulniserregend von freischwebenden Federwolken fälschlicherweise fehlgeleitet frohlockend und fliehkraftbefreit in den flexiblen feuerfesten Feldhäcksler?

Argwöhnen altmodisch angezogene Angelsachsen mit abarischem Augenleiden auf asphaltierter australischer Abbiegespur auch am Abend abgehalfterte Aasfresser auf animalischem Arbeitsauftrag?

Lassen lahme langlebige Lamas in lilablühendem Lavendel lauernde Leoparden links liegen oder lamentieren labile Liberale nach literweise lauer Lagerluft lieber über linkslastige Lakaien mit langsam laufgekühlten Langlochbohrern?

Präferieren passabel porschefahrende Pariserinnen pummelige Pudel periodisch paarweise?

Ruinieren rücksichtslose Rennfahrer raketenbetrieben radikal Rentnern rostige Rollstühle?

Initiieren indische Ingenieure idealerweise intelligente Identifizierungsmaßnahmen intern immer interaktiv irreversibel impulsgesteuert?

Ziehen zwanzig zypriotische Zahnärzte zangenbewehrt zweihundert zickenden Zisterziensermönchen zwischen zwei Zeitzeichen zackig zahllose Zähne?

Jagten junge Jaguare jackentragende Jäger jemals jauchzend durch Jordanien?

Unternehmen ungarische Unteroffiziere ungern unbezahlte überdimensionierte Unterwasserexpeditionen?

Nähen notorisch nachlässige Norweger nachchromierte Nietenknöpfe nachts narkosefrei nichtsahnenden Nagern nagellochtief neben Nasen?

Gucken ganz und gar glubschäugige Guppys grinsend und grienend aus gläsernen Großaquarien auf gigantische gallertartige Galaxien gerade von Giraffen galvanisiert und mit Gülle garniert oder geraten geradewegs in Gang gesetzte gar gräusliche Gedanken gänzlich in Gefahr gelinge gesagt geringschätzt zu werden?

Dürfen dickleibige, dennoch durchaus dynamische dauerlaufgeeignete Diplomdatenverarbeiter dienstags dauernd direkt durch das dauerlichtgedimmte dänische Dampfbad dackeln?

Offeriert optimistischer Onkel aus Ottawa oberflächengehärtete Ottomane offiziell ostdeutschem Oberstaatsanwalt oder ortsansässigem Ornithologen?

Mögen mutige Molukken mit mangelhaft montierten Mörtelmischern mittwochs manchmal magere Milch mit mittelgroßen mandelölgetränkten Maronen?

Vermutlich vergammeln verunglückte VW vorher völlig vereinsamt vorwiegend vor vollkommen verwahrlosten Verkehrsübungsplätzen.

Griesgrämig im grünlich glitzernden Gorgonzolarest grabend und glibberigen gegorenen Grapefruitsaft gurgelnd grübelt Konrad, die Kakerlake, mal wieder über diese kreuzungerechte mit keinem klitzekleinen Komfort kompandierende Krise des Kakerlakendaseins nach.

Konrad hat schlechte Laune.

Louis

Das Wetter spielte wieder einmal verrückt.

Hier im Dschungel musste man immer mit plötzlichen Wolkenbrüchen rechnen und Louis hatte mittlerweile seine Erfahrungen gesammelt selbst den heftigsten Unwettern zu trotzen.

Viele seiner Kameraden waren im wahrsten Sinne des Wortes einfach fort gespült worden. Niemand hatte je wieder von ihnen gehört.

Louis jedoch hatte ein Gespür dafür entwickelt, ein nahendes Unwetter im Vorfeld zu erahnen und sich früh genug einen Unterschlupf zu suchen, in welchem er trotz seiner begrenzten Kraft der Naturgewalt widerstehen konnte.

Doch in letzter Zeit war es nicht die Menge der herabstürzenden Wassermassen oder die Stärke des damit einhergehenden Sturms, die ihm zu schaffen machten. Es war der Niederschlag selbst - es stürzte kein reines Wasser mehr auf den Boden herab. Der Regen war verseucht!

Louis war nach diesen schrecklichen Unwettern nicht nur geschwächt aufgrund der körperlichen Anstrengungen, die nötig waren um nicht den Fluten zum Opfer zu fallen, so wie er es aus der Vergangenheit gewohnt war - nein - jeder Tropfen, der ihn traf, erschütterte seine Substanz nachhaltig und andauernd.

Louis wusste keinen Rat. Was sollte er tun? Was konnte er tun?

Er war nicht mehr der Jüngste und es war ihm gut ergangen in der Vergangenheit.

Hier in seinem Dschungel hatte er, abgesehen von diesen Wolkenbrüchen, nahezu paradiesische Zustände - Nahrung im Überfluss, Frieden und unbegrenzte Entfaltungsmöglichkeiten.

Sicher, das Klima hatte sich verschlechtert, aber warum sollte es sich nicht in absehbarer Zeit auch wieder verbessern?

Ändern konnte er es sowieso nicht.

Welche Alternativen hatte er? Seine Heimat verlassen? Wozu?

Niemand konnte ihm sagen, wohin er gehen mußte, um bessere Klimabedingungen zu finden.

Die einzige tatsächlich grundlegende Alternative war die sagenhafte seit Generationen übermittelte Möglichkeit des Weltensprungs.

Louis zweifelte, ob dies vielleicht nicht doch nur ein phantasievolles Ammenmärchen war.

Einige wenige seiner Kameraden hatten angekündigt den Weltensprung zu wagen und sie waren in der Tat kurze Zeit später spurlos verschwunden, doch niemand konnte mit Sicherheit sagen, was mit ihnen geschehen war.

Waren sie nur während eines Unwetters verschollen und jämmerlich krepiert oder hatten sie tatsächlich den Sprung gewagt, geschafft und wahrhaftig eine andere und vielleicht sogar bessere Heimstätte gefunden?

Louis jedoch war noch nie mit übermäßig viel Mut ausgestattet.

Er traute sich einfach nicht, den großen Sprung zu wagen und blieb.

Wie es der Zufall wollte, blieben, nachdem er den Entschluss zu bleiben gefasst hatte, die Unwetter geraume Zeit aus, und er schöpfte bereits Hoffnung, dass sich alles zum Besseren wenden würde.

Doch dann geschah, was geschehen musste. Die todbringenden Niederschläge kamen zurück - schlimmer und häufiger als je zuvor.

Und Louis, die Kopflaus, wurde bei einem der vielfachen Waschgänge dahingerafft von der genau für diesen Zweck bestimmten Entlausungslösung.

Es war zu spät für den gewagten Sprung, mit dem er vielleicht doch einen neuen Schädel erobert hätte, der zumindest eine Zeit lang nur auf herkömmliche Weise gewaschen wurde.

Mike

Hinter den bizarren zerklüfteten Felswänden konnte man das erste diffuse Licht erahnen, das nach und nach die Sterne verblassen ließ.

Es dauerte nicht lang, da bahnten sich schon vereinzelte Sonnenstrahlen den Weg durch die Schluchten und brachten die großzügig millionenfach verteilten Tautropfen dazu, ein gelbgoldenes Licht über die langsam erwachende Landschaft zu verstreuen.

Nahezu zeitgleich füllte sich die Stille der Nacht mit dem ersten Gezwitscher der Vögel und den Lauten all derer, die ebenfalls die Sonne begrüßen wollten.

Leichte Dunstschwaden schenkten der Luft eine angenehme erfrischende Kühle, die jedes Lebewesen zu einem tiefen Atemzug verführte und zusätzliche Kraft für den heranbrechenden Tag verlieh.

Mike war müde. Die Nacht war wie immer anstrengend gewesen und dies war üblicherweise seine Zeit sich zur Ruhe zu begeben.

Aber heute war der Morgen einfach zu schön um ihn zu verschlafen. „Was soll's", dachte sich Mike, „den Schlaf hol´ ich nach, vielleicht am Mittag, vielleicht später. Und wenn nicht, bin ich eben nicht ausgeschlafen. Das Leben ist kurz, noch bin ich jung, wer weiß, was morgen ist."

Ein Schluck frisches Wasser, ein kleines Frühstück und schon schwand die Müdigkeit und die Unternehmenslust wuchs zusehends.

So machte er sich auf den Weg, geradewegs in die Richtung, die ihm ohne ersichtlichen Grund am besten gefiel.

Jeder Weg ist der richtige Weg, wenn das Ziel an Bedeutung verliert.

Es war einer dieser Morgen, die mit einem unerklärlichen Zauber belegt zu sein schienen. Mit jedem Sonnenstrahl, der sein wärmendes Licht verschenkte erwachten die Blumen rundherum. Diese schienen sich dafür bedanken zu wollen, indem sie vielfältigste Blütendüfte in die unverfälschte Morgenluft verströmten und jedes empfängliche Lebewesen eine ungewohnte Magie erahnen ließ.

Mike spürte, es war einer jener seltenen Tage, an denen Farben intensiver und freundlicher, Düfte lieblicher, gemeinhin unangenehme Gerüche weniger aufdringlich, Freuden ausgeprägter und Ärgernisse weniger unangenehm sind.

Trunken von der Schönheit des langsam zu Neige gehenden Tages brummte Mike der Schädel.

Während Mike mit sich und der Welt zufrieden mit seinen Blicken die Sonne auf ihrem Weg hinter die Grenze des Horizonts begleitete, erstrahlte plötzlich in seinem Augenwinkel ein kleines intensives Licht, heller als die untergehende Sonne und der hinter Schleierwolken zu erahnende Mond.

„Nanu, ein weiterer Höhepunkt zum Abschluss eines gelungenen Tages", dachte sich Mike und startete seinen Weg dorthin.

Mike startete müde, aber unbeirrbar einen erneuten Versuch das verheißungsvolle Licht zu erreichen, schlug mit seinen Flügeln, hob ab, gewann an Geschwindigkeit und krachte zum unzähligsten Male mit Schwung gegen die Fensterscheibe, hinter der sich der lockende Kerzenglanz versteckte.

Solange bis ihm in unerklärlicher Weise und zum ersten Male bewusst wurde, dass sein Tun nicht sonderlich sinnvoll war.

Vielleicht lag es an der Müdigkeit, die Mike nun doch mehr und mehr zu schaffen machte, wer weiß?

Mike, die Motte, wunderte sich noch einmal, schon fast einge-nickt, dass seine Artgenossen unverdrossen mit ihrer Tätigkeit fortfuhren. „Sicherlich wird auch ihnen der Kopf dröhnen, aber doch wohl aus einem anderen Grund als mir", dachte er sich, bevor er mit einem Grinsen auf seinem Gesicht einschlief und einen wunderschönen Tag mit einem ebensolchen Traum been-dete.

Nathan

Bereits am gestrigen Tage kündigte sich das Ungemach an. Es war ein kühler, wenngleich sonniger Tag im Spätherbst, der den ersten Frost des heranbrechenden Winters bereits erahnen ließ. Wie üblich, hatte sich Nathan noch im Dämmerlicht um sein Frühstück gekümmert, während nasskalte Nebelschwaden die vor Tautropfen glitzernden Wiesen wie mit einem Schleier verhüllten. Er fühlte sich noch ein wenig müde, aber abgesehen davon durchaus bereit, sich dem Tagewerk zu stellen. Nathan war sich sicher, die Müdigkeit mit einem ausgiebigen Frühstück niederringen zu können. Doch auch dies half nicht. Das Frühstück schmeckte ihm nicht und er musste sich zwingen es vollständig zu beenden. Das diffuse heller werdende Sonnenlicht schmerzte in seinen Augen, Geräusche gleich welcher Art störten ihn plötzlich, jede Bewegung begann zur Qual zu werden.

Aber Nathan wäre nicht Nathan, wenn er nicht dagegen angekämpft hätte. Körperliche Arbeit an der frischen Luft würde ihm gut tun, so dachte er bei sich selbst. Er zwang sich dazu, seine durchtrainierte Muskulatur in Gang zu setzen, die widerwillig ihre Tätigkeit aufnahm. Er legte eine größere Anstrengung an den Tag als tatsächlich notwendig gewesen wäre. Die Muskelstränge wurden schnell wärmer, aber nicht wie üblich zunehmend geschmeidiger, sondern reagierten auf die widerwillig geleistete Arbeit mit einer ungewohnten Übersäuerung.

Auch die kühlen Luftmassen, die er mit tiefen Atemzügen in seine Lungen sog, brachten ihm keinerlei Erquickung.

So quälte er sich mehr schlecht als recht über den Tag. Zu allem Übel bekam er gegen Nachmittag Atembeschwerden, die seine Kraftlosigkeit noch verstärkten. Er beschloss daher, das einzige Mittel anzuwenden, das ihm noch einfiel und schon oft geholfen hatte. Er ließ Arbeit Arbeit sein und legte sich bereits vor Anbruch der Dunkelheit zum Schlafen.

Die Nacht brachte jedoch nicht die erhoffte Erholung. Sie war vielmehr ausgesprochen unangenehm. Hustenanfälle schüttelten ihn. Fieberschübe ließen ihn abwechselnd schwitzen und dann wieder frösteln. Alpträume ließen seinen geschwächten Körper nicht zur Ruhe kommen.

Kurz vor dem Morgengrauen war er dann doch in einen unruhigen Schlaf gefallen, der bald abrupt beendet wurde durch das Gezwitscher von offensichtlich mit einem besseren Los bedachten Vögeln, die die hinter den Wolken kaum erkennbaren ersten Sonnenstrahlen begrüßten.

Es war nicht der von ihm gekannte und geschätzte Nathan, der ihm da als Spiegelbild entgegen blickte. Seine üblicherweise selbstsicheren, klaren, aber undurchdringlichen Augen wirkten trüb und verhangen. Seine markante Nase schien über Nacht aufgedunsen und nicht mehr zu seinem Gesicht zu gehören.

Sein großer, sonst kraftstrotzender Körper kam ihm zusammengefallen und ausgelaugt vor. Die stattlichen breiten Schultern waren wie geschrumpft und hingen trostlos herab.

Nathan, der sonst wahrlich nicht über mangelndes Selbstbewusstsein klagen brauchte, fühlte sich nicht wie sich selbst, sondern kränklich, schwächlich und völlig neben sich stehend.

Um ehrlich zu sein, Nathan, der in der Vergangenheit all seine Verletzungen, deren Narben er stolz mit sich herumtrug, heroisch und ohne mit den Wimpern zu zucken, ertragen hatte und nie einer Auseinandersetzung aus dem Wege gegangen war, befand sich kurz davor, in Tränen auszubrechen, wäre da nicht der letzte Rest an Selbstbeherrschung, der dies so gerade noch verhindern ließ.

Er war einfach nicht mehr er selbst.

Was kann es Schlimmeres geben für Nathan, den Nasenbär, als einen ausgiebigen Schnupfen zu haben?

Oskar

Obwohl Oskar allen Grund hatte mit seinem Schicksal zu hadern, behielt er doch die meiste Zeit seine gute Laune, freute sich sobald er von irgendwoher einen Vogel zwitschern hörte und versuchte ihm so gut es ging zu antworten. Und sobald sich einmal ein gefiederter Artgenosse fand, der tatsächlich auf seine Antwort reagierte, war sein Glück perfekt.

Aber es gab da eine Sache, die er nicht verstand, einen großen Schatten auf sein Leben warf und ihn manchmal richtig wütend machte.

Er war eingesperrt - immerzu - und hatte, soweit er sich erinnern konnte, noch nie das ultimative Glück verspüren dürfen, einmal das zu tun, was er sich zeitlebens so sehr wünschte - fliegen. Und doch - tief in seinem Innersten schlummerte die Gewissheit, dass er die vollkommene Erfüllung nur finden würde, wenn er abheben und die beengende Zweidimensionalität endlich hinter sich lassen konnte. Wie konnte er dies wissen, wenn er nicht doch irgendwann vor langer Zeit einmal geflogen war? Er hatte keine Vorstellung.

Er durfte sich zwar frei bewegen in den Räumen, in denen er sich aufzuhalten hatte, aber diese Räume waren zu klein, um einen richtigen Flug starten zu können. Zudem waren nahezu ununterbrochen irgendwelche Leute in seiner Nähe, die selbst den kleinsten Versuch unverzüglich mit dem Hinweis unterdrückten, dass das Fliegen nicht gut für ihn sei.

Dies konnte er einfach nicht verstehen. Wieso sollte das, was er sich so intensiv wünschte und wofür er offensichtlich bestimmt war - wie käme er sonst überhaupt auf diesen Gedanken - schädlich für ihn sein?

Oskar ergab sich seinem Schicksal, so schien es zumindest. Er unterließ jeden weiteren Versuch zu fliegen. Ja, er leugnete sogar jeden Wunsch dies zu tun. Es ging so weit, dass er zustimmend nickte, wenn ihm die Fähigkeit zu fliegen abgesprochen wurde.

Jedermann war zufrieden mit ihm, man gönnte ihm die eine oder andere Vergünstigung, er wurde gut versorgt und konnte ein relativ sorgenfreies Leben genießen.

Jahre vergingen.

Da er auf jeden Versuch verzichtete vom Boden abzuheben, hatte er im Laufe der Zeit in dem Gebäude, welches seine Heimat geworden war, nahezu uneingeschränkte Bewegungsfreiheit.

So erhielt er dann eines Tages unvermittelt seine große Chance. Einer seiner Mitbewohner verursachte einen ziemlichen Aufruhr, indem er aus einem nur für ihn einsichtigen Grund anfing, das Mobiliar zu zerlegen und alles Greifbare um sich zu werfen.

Da dies zum einen für alle Anwesenden nicht ungefährlich war und zum anderen der mit dieser ungeplanten Aufräumaktion Beschäftigte recht kräftig gebaut war und über ein gehöriges Maß an Kraft verfügte, fand sich niemand mehr, der ein Auge auf Oskar werfen konnte.

Oskar nutzte flugs die Gelegenheit, den Raum zu verlassen, einerseits um den diversen Flugobjekten aus dem Wege zu gehen und andererseits da er plötzlich eine Möglichkeit sah, seinen Traum zu realisieren, den er niemals vergessen hatte.

So machte sich Oskar völlig unbedrängt und tatsächlich frei wie ein Vogel auf die Suche nach einem geeigneten Platz, um seinen so lange ersehnten Flug zu starten.

Ihm war bewusst, dass er innerhalb des Gebäudes nichts Geeignetes finden würde. Daher konzentrierte er sich bei seiner Suche auf Fenster und Türen, die ihm vielleicht den Weg in die Freiheit öffnen könnten.

Das Erdgeschoß verließ er auf schnellstem Wege, denn er wusste nur zu gut, dass alle Fenster und Türen verschlossen oder vergittert waren und hier war es ohnehin aufgrund der ausgebrochenen Panik denkbar ungeeignet für ungestörte Flugversuche.

Also durchkämmte er den ersten und zweiten Stock, öffnete alle unverschlossenen Türen und inspizierte die Fenster, hatte aber keinen Erfolg.

Daher ging Oskar in die dritte Etage und hatte schon fast alle Hoffnung aufgegeben, als er am Ende eines schmalen Flures eine unverschlossene Tür fand. Er öffnete sie und erblickte in einem offenbar seit längerer Zeit ungenutzten Raum verstaubte, ungeordnet durcheinander stehende alte Möbel und Aktenschränke, die aus dem Hintergrund von diffusem Licht erleuchtet waren.

Oskar durchquerte das Zimmer und entdeckte hinter einem großen Wäscheschrank, dessen Türen halb geöffnet schräg in den verrosteten Angeln hingen, ein verstaubtes, von einer Vielzahl Spinngeweben überzogenes Fenster.

Er traute kaum seinen Augen. Tatsächlich, das Fenster war zwar klein, aber unvergittert und ließ sich nach einiger Mühe weit öffnen.

Oskar hatte seinen Weg in die Freiheit gefunden. Endlich konnte er seinem so lange unterdrückten Drang zu fliegen nachkommen. Er ließ sich auf der Fensterbank nieder, atmete tief durch, verabschiedete sich innerlich und ohne Bedauern von seinem Gefängnis, in dem er für so viele Jahre gefangen gehalten war und stieß sich mit aller Kraft ab.

Aber Oskar flog nicht, sondern landete ziemlich abrupt und absolut letal nach kürzester Zeit direkt unter dem Fenster auf dem darunter befindlichen Betonboden.

Es ist nicht bekannt, ob Oskar in seinen letzten Augenblicken gewahr wurde, dass er kein Vogel, sondern tatsächlich ein flugunfähiger Mensch war, so wie es ihm unzählige Freunde, Bekannte, Verwandte, Ärzte und Pfleger einzureden versucht hatten.

Sicher ist nur, dass Oskars Schicksal durch die Tatsache besiegelt wurde, dass einige wenige Fenster im dritten Stock der Landesklinik nicht vergittert waren und das Pflegepersonal für einen kurzen Moment die notwendige Aufmerksamkeit vermissen ließ.

Perry

Als Perry Ode zu sich kam, lag er am Straßenrand. Dichter Nebel hing in der Luft und sorgte dafür, dass alles mit einem feinen Flüssigkeitsfilm überzogen war und die Temperaturen, die knapp über den Gefrierpunkt lagen, doppelt unangenehm erscheinen ließen.

Perry Ode rappelte sich mühsam auf.

Er fühlte sich nicht wohl in seiner Haut. Sein Körper war mit Abschürfungen, Brandwunden und blauen Flecken übersät.

Jede Bewegung tat ihm weh. Doch viel mehr missfiel ihm die Tatsache, dass er nicht wusste woher seine Verletzungen stammten, was geschehen war und wo er sich befand. Genau genommen wusste er nur, dass er sich in einer ausgesprochen misslichen Lage befand.

Er blickte um sich. Die Straße mit den alten, kaum noch erkennbaren Fahrbahnmarkierungen war von verkrüppelten Bäumen flankiert. Hinter den Bäumen neigte sich an beiden Seiten eine schmale Böschung hinunter zu den in der Ferne im Nebel verschwindenden Feldern.

Weit und breit war keine Menschenseele zu entdecken. Die einzigen wahrnehmbaren Geräusche waren das Säuseln des Windes und das Tropfen des Niederschlags, der sich auf den knorrigen Ästen sammelte, in regelmäßigen Abständen überhandnahm und der Schwerkraft Tribut zollen musste.

Der dichte Nebel ließ eine Einsicht des Straßenverlaufs über eine Entfernung von etwa 50 Meter nicht zu, daher entschied sich Perry willkürlich für eine Richtung, in die er, die Schmerzen unterdrückend, seine Wanderung ins Unbekannte begann.

Er hätte nicht sagen können, wie spät es war oder wie viel Zeit seit Beginn seines Weges vergangen war, aber das ohnehin nur diffuse Licht verlor mehr und mehr an Intensität während der Nebel immer dichter wurde und bald die Bäume der gegenüberliegenden Straßenseite verschluckte.

Nach geraumer Zeit hatte Perry Mühe den Boden unter seinen Füßen zu erkennen und die Luft war mittlerweile eine Ansammlung feinster schwebender Wassertröpfchen, die das Atmen fast unmöglich machte.

Endlos schien sein Weg durchs Grau zu dauern als er plötzlich in der Ferne ein schwaches gelbliches Licht zu erkennen glaubte. Zweifelnd und zugleich hoffnungsfroh beschleunigte er seinen Schritt. Tatsächlich, nur wenige Meter von ihm entfernt stand eine einsame Straßenlaterne am Straßenrand, durch deren blindes Glas wie verloren Lichtstrahlen fielen und vom Nebel in alle Richtungen gestreut und alsbald verschluckt wurden.

Die Laterne kennzeichnete eine Stelle, an der von der Straße ein schmaler Weg abzweigte. Perry vermutete, dass dies die Zufahrt zu einem Gehöft oder sonst irgendeiner Behausung sein musste. Noch zögerte er, aber mit der Überlegung, dass er auf der Straße während der gesamten Zeit seiner Wanderung niemandem begegnet war und in der Hoffnung am Ende des Weges eher Hilfe zu finden, entschloss er sich, die Straße zu verlassen.

Er bog ab und hob den Fuß vorsichtig ein wenig höher als er es zuvor auf der Straße getan hatte – der Weg war nicht befestigt und vielleicht lagen dort Äste, Gestein oder sonstige Hindernisse herum, die er im dichten Nebel nicht erkennen konnte.

Beim Aufsetzen des Fußes stellte er fest, dass dort nichts war, worauf er seinen Fuß setzen konnte. Bevor er zu einer Reaktion fähig war, verlor er sein Gleichgewicht und stürzte kopfüber in den Abgrund, der sich dort vor ihm auftat.

Er stieß an Wänden an, schleuderte dabei schmerzhaft von der einen Seite zur anderen. Verzweifelt versuchte er sich an kleinen Vorsprüngen festzuhalten, aber er hatte keine Chance.

Er fiel, er fiel schnell und immer schneller.

Panik überkam ihn, schnürte seine Kehle zu, umwehte sein Herz mit einem eiskalten Hauch.

Er schloss die Augen, rechnete jeden Augenblick mit dem tödlichen Aufschlag. Sein Hirn malte ihm mit makabrer Genauigkeit Bilder vor, wie beim Aufprall seine Gliedmaßen in grotesker Manier zertrümmert, gebrochen, in alle erdenkliche Richtungen verdreht und sein Schädel zerbersten und sich die Hirnmasse mit den aus dem Körper spritzenden Innereien und Blutmassen zu einer grausigen Mischung vermengen würde.

Doch bevor ihm die Panik endgültig in die Bewusstlosigkeit entfliehen ließ, hatte er plötzlich das Gefühl, dass er langsamer fiel. Zögernd öffnete er seine Augen.

Um ihm herum noch immer grauer undurchdringlicher Nebel, der jedoch dunkler wurde. Je weiter er fiel, desto mehr lichtete sich der Nebel, aber die Dunkelheit nahm zu.

Die Fallgeschwindigkeit verringerte sich immer mehr als er plötzlich Lichtpunkte in der Dunkelheit entdeckte, zuerst vereinzelt, dann mehr und mehr bis schließlich die Schwärze um ihn herum wie mit Sternen übersät war.

Es dauerte eine geraume Zeit, bis er realisierte, dass es sich tatsächlich um Himmelskörper handelte. Der fürchterliche Fall hatte sich in ein orientierungsloses Schweben verwandelt.

Die zuvor sein Bewusstsein überflutenden Bilder von dem ihm offensichtlich bevorstehenden todbringenden Aufprall hatten ihre Substanz verloren.

Doch diese richtungsverlorene Schwerelosigkeit erzeugte in ihm durch ihre völlige Unfassbarkeit einen nicht für möglich gehaltenen ungleich größeren Schrecken.

Wie kam er hierhin?

Warum konnte er atmen?

Weswegen konnte er in diesem menschenfeindlichen Medium existieren?

Was war geschehen?

Die entsetzlichen Bilder des Fallens wurden in seinem Kopf durch Tausende und Abertausende von Fragen ersetzt.

Fragen, die kein Mensch zuvor sich hatte stellen müssen.

Fragen, für deren Beantwortung das menschliche Hirn niemals vorgesehen war.

Fragen, auf die es keine Antwort geben konnte.

Winzige Augenblicke durchkreuzte er das Universum. Oder waren es Ewigkeiten?

Die Gestirne rasten an ihm vorbei und doch blieb alles unverändert.

Er war absolut ohnmächtig, aber der Frieden der Bewusstlosigkeit wollte sich nicht einstellen. Es konnte nicht mehr lange dauern, bis dass seinem Hirn nur noch der Ausweg in den Wahnsinn blieb.

Doch bevor es so weit kommen konnte, fiel Perry ein Himmelskörper in das Blickfeld, der größer war als alle anderen.

Ja, kein Zweifel, dieser war nicht nur deutlich größer, nein, er schien mehr und mehr zu wachsen.

Erst als Perry darüber nachdachte, wie es möglich sein kann, dass Himmelskörper wachsen, erkannte er, dass er mittlerweile nicht mehr ziellos umher schwebte, sondern sich eindeutig und mit steigender Geschwindigkeit auf das Objekt zu bewegte.

Er wusste nicht, ob es sich um einen Planeten, eine Sonne oder um was auch immer handelte, aber das Objekt faszinierte ihn.

Bläulich schimmernd mit dunkleren grünlich braunen Flächen stellte sich der Himmelskörper dar, umgeben von flockigen weißen Flecken.

Er kannte dieses Bild irgendwoher, aber wie konnte das sein?

Träumte er? War er nun doch dem Wahnsinn unterlegen?

Das...

Das war...

Nein, das konnte nicht sein!

Je mehr er sich sträubte, desto weniger konnte er es verleugnen – das Ding, auf das er zuflog war –

die Erde.

Schnell wurde sie größer, sie ließ in Perrys Blickfeld kaum noch etwas anderes zu. Wolkenwirbel waren deutlich auf ihrer Oberfläche zu erkennen.

Das ruhige Dahinschweben endete, seine Kleidung und sein Haar begannen zu flattern, das Vakuum verlor mehr und mehr an Leere.

Er raste durch die Ionosphäre, vereinzelte Blitze umgaben ihn vereint mit unwirklich scheinenden optischen Effekten hervorgerufen durch den Eintritt atomarer Teilchen in das Erdmagnetfeld nach ihrem langen Weg durch das Planetensystem, geboren durch gewaltige Sonnenstürme.

Mit der Reibung, die er auf seiner Haut bei seinem Fall durch die dichter werdende Atmosphäre spürte, wuchs die bereits vertraute Panik des Fallens, doch dieses Mal um ein Vielfaches potenziert - ein Sturz, wie ihn nie zuvor ein Mensch erlebt hat, ein Sturz wie durch eine andere Dimension.

Er spürte nur noch benommen, wie die Reibungswärme Verbrennungen auf seine Haut erzeugte, wie er die ersten Wolkenschichten durchraste, wie die Lichtreflexionen seine Augen blendeten, wie der Fallwind seinen Schrei auf den Lippen ersticken ließ.

Von einem Moment zum nächsten als seine Panik eine nie für möglich gehaltene Größenordnung angenommen hatte, schlug diese um in eine fast erleichternde Gewissheit, die Gewissheit, dass nun endlich sich sein Leiden dem unweigerlichen Ende näherte. Mit diesem Gefühl verlor er endlich das Bewusstsein, für immer, wie er glaubte.

Als Perry Ode zu sich kam, lag er am Straßenrand. Dichter Nebel hing in der Luft und sorgte dafür, dass alles mit einem feinen Flüssigkeitsfilm überzogen war und die Temperaturen, die knapp über den Gefrierpunkt lagen doppelt unangenehm erscheinen ließen.

Perry Ode konnte seiner Bestimmung nicht entfliehen. Der nie endende Kreislauf hatte sich geschlossen.

Sein Name war ihm zum Verhängnis geworden.

Quasireziprokel

Fernab von der bekannten Zivilisation in vollends unerforschten Regionen, die nie ein Mensch zuvor gesehen hat, lebt ein Lebewesen namens Quasireziprokel.

Da die Heimat des Quasireziprokels völlig unerforscht ist, gibt es logischerweise niemanden, der jemals ein Quasireziprokel gesehen hat oder auch nur das Geringste darüber weiß oder ahnen könnte.

"HALT", wird vielleicht manch einer von den pfiffigen unter den werten Lesern sagen, "spätestens, wenn ich diese Geschichte zu Ende gelesen habe, werde wenigstens ich etwas über dieses sonderbare Geschöpf wissen."

Na, wer weiß?

Aber zunächst genug davon. Vermutlich möchten Sie erst einmal etwas erfahren über das Aussehen dieser sonderbaren Lebensform. Dies ist aber zumindest aus Sicht des Quasireziprokels völlig irrelevant. Warum dies so ist, wird Ihnen sofort kundgetan.

Nun, die charakteristische Eigenschaft an sich und somit das hervorstechende Merkmal eines Quasireziprokels ist seine philosophische Grundüberzeugung, die das gesamte Dasein prägt.

Ein Quasireziprokel ist nämlich davon überzeugt, dass man prinzipiell nichts verstehen kann, - dies gilt insbesondere für Artgenossen und deren Handlungsweisen, Beweggründe oder Gefühlswelten -, Reales sich grundsätzlich nicht beweisen lässt und mehr noch, dass alles Beweisbare per Definition nicht existiert.

Diese ungewöhnliche Philosophie entstand im Laufe eines langwierigen evolutionären Prozesses, der damit begann, dass ein männliches Quasireziprokel ernsthaft versuchte, ein ganz bestimmtes weibliches Quasireziprokel verstehen zu wollen.

Nach vielen intensivsten Bemühungen musste der Denker schließlich zugeben, dass er kläglich gescheitert und sein Ziel unerreichbar war.

Dieses Wissen konsequent weiterverfolgt und radikal zu Ende gedacht, entstand schließlich und folgerichtig das alle bisherigen Philosophien ad absurdum führende, oben genannte Resultat.

Aufgrund der Tatsache, dass also nichts - aber auch gar nichts - so ist, wie es nach allen bekannten mathematischen und naturwissenschaftlichen Gesetzen scheint, gaben sich diese wackeren Gesellen auch irgendwann selbst den sonderbar erscheinenden Namen „Quasireziprokel".

Auch wenn dieser geniale philosophische Schachzug in sich durchaus schlüssig erscheint, so brachte er bei der exakten Umsetzung im alltäglichen Leben doch einige Schwierigkeiten mit sich. So konnten die auch unter den Quasireziprokeln unvermeidlichen Quertreiber, Besserwisser und Nörgler nicht umhin, schnellstens darauf hinzuweisen, dass beispielsweise der Verzehr von Nahrungsmitteln zweifellos beweisbare Reaktionen hervorruft, so führt ein Zuviel unweigerlich zu Übergewicht und ein Zuwenig recht schnell zum Ableben, auch bei den Quasireziprokeln.

Konsequenterweise dürften die Reaktionen und somit die Nahrungsmittel selbst gar nicht existieren. Dies hielt aber verständlicherweise niemanden davon ab, weiterhin Nahrungsmittel zu sich zu nehmen.

So einigte man sich im Laufe der Zeit stillschweigend darauf, das grundlegende quasireziprokel'sche Axiom nicht auf die Gegebenheiten des alltäglichen Lebens anzuwenden, sondern nur auf philosophische Problemstellungen.

Eines der essentiellsten philosophischen Überlegungen ist natürlich der Fragenkomplex, wo komm ich her, wo geh ich hin, wozu das alles und gibt es mich überhaupt.

Eines Tages nun wollte ein besonders radikal veranlagter Quasireziprokel der Sache endgültig auf den Grund gehen und beschäftigte sich zuerst mit der zuletzt genannten Frage.

Seine Überlegung war denkbar einfach.

Falls es ihn also nicht geben sollte, müsste es möglich sein, alles Denkbare mit sich anstellen zu können, ohne dass es irgendwelche Konsequenzen haben würde. Es wäre zwar durchaus vorstellbar, dass er selbst sich nun einbilden könnte, diese Konsequenzen tatsächlich wahrzunehmen, seine Artgenossen allerdings würden dies nicht können, da sie ja nicht wussten, was er zu tun beabsichtigte und somit auch die Konsequenzen nicht erahnen konnten.

Vor Umsetzung seines Planes fixierte er seine Tat fein säuberlich und bis in die kleinsten Details schriftlich. Somit konnten zumindest andere die tatsächlichen Resultate mit den vermeintlichen Konsequenzen vergleichen und die entsprechenden Schlüsse ziehen. Auch dann, wenn er selbst dazu nicht mehr in der Lage sein sollte.

Nachdem er alle anderen Alternativen verworfen hatte, da ihre Umsetzung nicht möglich beziehungsweise zu umständlich war, kontrollierte er nochmals sein schriftliches Vermächtnis auf Verständlichkeit und Schlüssigkeit.

Anschließend nahm er seine vielfach bewährte elektrische Heckenschere in die Hand, schloss sie an die nächste Steckdose an, betätigte den Schalter und setzte sie mit einem kühnen Schwung an seinem Hals an.

Womit er auf schmerzhafte Weise die Wirksamkeit einer elektrischen Heckenschere, die bedingte Widerstandsfähigkeit eines quasireziprokel´schen Halses und einen direkten Zusammenhang von Kopflosigkeit und Ableben bewiesen hatte. Da ein Ableben aber ein vorheriges Leben voraussetzt und dieses damit ebenfalls bewiesen war, folgte zwangsläufig und unwiderruflich, dass es ein Quasireziprokel in Wirklichkeit gar nicht gibt.

Ergo, auch der pfiffigste Leser (siehe oben) kann nichts, aber auch rein gar nichts, wissen vom Quasireziprokel, denn wie kann man Wissen angesammelt haben über etwas, dass es gar nicht gibt.

Fernab von der bekannten Zivilisation in vollends unerforschten Regionen, die nie ein Mensch zuvor gesehen hat, lebt wahrscheinlich doch kein Lebewesen namens Quasireziprokel - aber wer weiß das schon so genau.

Reginald

Reginald erwachte langsam und brauchte einige Sekunden um sich zu orientieren.

Totenstille. Totale Dunkelheit umgab ihn. Rundherum konnte er die Wände des schmalen Tunnels spüren, in dem er sich befand.

Die Luft roch abgestanden, modrig feucht. Vereinzelt tropfte Wasser von der Decke und spendete seinem nahezu ausgetrockneten Körper wohltuende Erfrischung. Durst und Hunger quälten ihn. Doch dieses Gefühl irritierte Reginald nicht und bereitete ihm keine Sorgen.

Er kannte dieses Gefühl, vor langer Zeit hatte er zum ersten Male damit zu kämpfen. Damals war seine Besorgnis stärker und stärker geworden und fast in Panik umgeschlagen. Doch kurz bevor ihn die Verzweiflung zu übermannen drohte, hatte er in einer kleinen Vertiefung des endlos erscheinenden Tunnels eine Ansammlung von Sickerwasser gefunden, mit dem er seinen Durst stillen konnte. Unweit von dieser Stelle war sogar etwas Essbares verborgen.

Reginald konnte sich keinen Reim darauf machen, aber immer dann, wenn Durst und Hunger übermächtig zu werden schienen, fand er irgendwo auf seinem einsamen Weg etwas, um sich zu laben. Mit der Zeit begegnete er dem ständig wiederkehrenden Rhythmus nicht mehr mit Sorge, sondern mit einer Art von gleichgültigem Fatalismus.

Mühsam setzte er seinen Weg fort, von dem er nicht wusste, wohin er ihn führen würde.

Vielleicht gelangte er wieder an die Erdoberfläche. Wie gerne würde er die Sonnenstrahlen auf seinem Körper spüren und frische Luft atmen.

Wären dort nur nicht seine übermächtigen Feinde - grausame Feinde von vielfältiger, aber immer absonderlicher, entsetzlicher Gestalt.

Manche von ihnen mit tödlichen Speerspitzen, die aus ihren Körpern wuchsen und riesigen Mäulern, die ihre Opfer gnadenlos verschlangen. Andere, die wie Blitze vom Himmel herab fielen, mit ihren scharfen Krallen zuschnappen und sich ebenso schnell wieder in die Lüfte erheben konnten.

Reginald wusste nicht mehr, wie viele Ewigkeiten mittlerweile vergangen waren, aber er hatte beide Arten von Gegnern kennengelernt und war ihnen nur mit Mühe und Not entkommen. Eines der fliegenden Monster hatte ihm damals ein riesiges Stück Fleisch aus seinem Körper gerissen. Mit allerletzter Kraft war es ihm gelungen in den rettenden Untergrund zu kriechen. Viele Tage hatte er, mit dem Tode ringend, knapp unter der Erdoberfläche verbracht, bevor die Wunde langsam verheilte. Noch immer übermannte ihn das kalte Grauen, wenn er an dieses Erlebnis zurückdachte.

Aber er konnte sich glücklich schätzen, den anderen noch furchterregenderen Wesen nie begegnet zu sein, von denen er gehört hatte.

Denn nicht nur Dunkelheit war sein Begleiter. Auf seiner einsamen Wanderung durch die Finsternis gab es vereinzelt wie Sternschnuppen jene glücklichen Tage, an denen sich sein Weg mit dem Pfad eines seiner Artgenossen kreuzte.

Die Freude, einem Lebewesen ohne Furcht begegnen zu können, war nicht in Worte zu fassen. Endlich jemand, dem man sein Leid klagen, mit dem man Erfahrungen, Enttäuschungen, Hoffnungen und Pläne austauschen konnte, wenn man denn wollte.

Reginalds Rolle bei diesen Begegnungen aber war eher die des Zuhörers, begierig saugte er die Schilderungen seines Gegenübers auf, nahm Anteil an dessen Schicksalsschlägen, freute sich mit ihm über Erfreuliches, sponn mit an dessen Plänen, behielt aber zumeist den passiven Part.

Bei solchen Aufeinandertreffen erfuhr er diverse Horrorgeschichten von abscheulichen Unwesen, die er sich nicht einmal in seinen schlimmsten Alpträumen hätte vorstellen können.

So hörte er von unglaublich gefräßigen bepelzten vierbeinigen Kreaturen, die hauptsächlich im Untergrund ihr Unwesen trieben, also dort wo er sich bislang in Sicherheit wähnte. Eine Begegnung mit ihnen bedeutete unweigerlich den Tod. Der Berichterstatter hatte nur deshalb überlebt, weil er gleich mehreren von diesen Monster gegenüber stand, diese sich in ihrer grenzenlosen Gefräßigkeit gegenseitig zu bekämpfen begannen, wodurch der Tunnel einstürzte und das vermeintliche Opfer im ausbrechenden Chaos entkommen konnte.

Glücklicherweise konnten die Ungeheuer aufgrund ihrer Größe nur die Haupttunnel benutzen, so dass Reginald fortan Tunnel ab einem bestimmten Durchmesser vermied.

Von jemand anderem erfuhr er etwas über ein Monstrum, das sich in bestimmten Regionen auf der Oberfläche aufhielt und im ruhenden Zustand völlig harmlos war. In unvorhersehbaren Momenten jedoch erwachte es plötzlich, gab infernalische Geräusche und Ausdünstungen von sich und konnte sich dann in für seine Größe unvorstellbarer Geschwindigkeit fortbewegen. Aufgrund seiner gigantischen Ausmaße konnte eigentlich niemand exakte Angaben über sein Aussehen machen, bekannt war nur, dass es sich auf vier, manchmal auch mehr, schwarzen geriffelten absonderlich geformten Gliedmaßen fortbewegte. Manche sagten, dass diese Monster Reginalds Artgenossen überhaupt nicht beachten, ja nicht einmal bemerkten. Dies konnte allerdings niemand mit Sicherheit behaupten, sicher war nur, dass kein Lebewesen von normaler Größe es je überlebt hatte, wenn es zufälligerweise von einem der schwarzen Fortbewegungsorgane getroffen wurde.

Das schlimmste aller Ungeheuer aber war den Berichten nach ein Wesen, das sowohl auf zwei als auch auf vier Beinen laufen konnte, wobei es die Vorderbeine aber in der Regel mehr als Werkzeug denn als Fortbewegungsmittel nutzte. Dieses Geschöpf war in seiner Bösartigkeit völlig unberechenbar, ließ bei manchen Gelegenheiten Reginalds Artgenossen ungeschoren, während es zu anderen Zeiten blutrünstig über seine Opfer herfiel, sie aus rein sadistischen Gründen quälte und zerstückelte oder sie auf höllischen Folterwerkzeugen aufspießte, sie lebendig oder tot in Gewässer hielt, um mit ihnen wiederum andere Opfer anzulocken und am Folterwerkzeug hängend aus dem Wasser zu ziehen und anschließend zu verspeisen.

Aber er erfuhr auch von erfreulichen Begebenheiten. So gab es in unregelmäßigen Abständen geheime Treffen seinesgleichen, die wie zufällig in riesiger Zahl aufeinander trafen, um ihre Lage zu erörtern, Nachrichten auszutauschen und Pläne zu schmieden für eine friedliche unbeschwerte Zukunft.

Er hörte von paradiesischen Gegenden, in denen man ungestört mit Nahrungsmitteln im Überfluss an sonnenüberfluteten wohltemperierten Seen sein Leben genießen konnte. Gegenden, in denen nur ganz selten Feinde einfielen und man auch in diesen Momenten genügend Unterschlupf finden konnte, um sich schnell in Sicherheit bringen zu können.

Keine Frage, Reginald genoss die Begegnungen mit seinen Artgenossen, auch wenn man es als Außenstehender kaum bemerken konnte. Aber Gefühlsausbrüche waren nun mal nicht sein Ding.

Besonders gern erinnerte er sich an die zufällige Begegnung mit Regina. Sie tauchte urplötzlich von rechts aus der Dunkelheit auf aus einem Tunnel, der wie zufällig von seinem Tunnel abbog - oder bog sein Tunnel von Reginas Tunnel ab, wer kann das wissen - Regina unterbrach jedenfalls wie von Zauberhand seine scheinbar ziellose Wanderung.

In dem Moment als Regina Reginald erblickte und den ersten Schrecken überwunden hatte, taumelte sie noch wortlos ein kurzes Stück weiter in seine Richtung und brach dann völlig erschöpft vor ihm zusammen.

Glücklicherweise hatte Reginald nur kurz zuvor unweit dieser Stelle eine kleine Wasserstelle entdeckt, die von genießbaren Pflanzen umwachsen war. Daher war Reginald selbst so sehr bei Kräften, so dass er Regina nur mit geringer Mühe dorthin bringen und ihrem ausgedörrten Körper mit dem lebensbringenden Nass Linderung verschaffen konnte.

Reginald versorgte sie noch einige Tage, da sie sehr schwach war. Dank der intensiven Pflege kam sie schnell wieder zu Kräften und mit der Zeit entwickelte sich zwischen beiden eine für Reginald ungewohnte Vertrautheit.

Dafür bedurfte es nicht vieler Worte, was Reginalds Abneigung gegen oberflächliche Konversation sehr entgegen kam. Es geschah immer häufiger, dass sie sich wie zufällig berührten, in einer Art, die bei objektiver Betrachtung einem Streicheln sehr nahe kam.

Dies alles passierte in der fast zur Gewohnheit gewordenen Dunkelheit, so dass Reginald nicht einmal beschreiben konnte, wie Regina aussah. Aber langsam wurde Regina für ihn zu einem der schönsten Wesen, dem er je begegnet war. Nicht, dass er es ihr jemals gesagt hätte, aber er fühlte sich einfach gut in ihrer Nähe.

Vielleicht hätte er gerade dies tun sollen, denn nach mehreren Tagen begann sich Regina mehr und mehr zurückzuziehen, sie wechselten kaum noch ein Wort miteinander. Und eines Morgens - oder welche Tageszeit es auch immer gewesen sein mag – eröffnete sie ihm, dass sie ihm für immer dankbar bleiben werde, sich sehr wohl bei ihm gefühlt hätte, aber nun die Zeit gekommen wäre, wiederum getrennte Wege zu gehen.

Der Abschied war emotionslos, kurz und knapp, wie es nun mal Reginalds Art war. Temperamentsausbrüche kannte er nicht.

Soweit Reginald sich erinnern konnte, war dies trotz des unschönen Endes die glücklichste Zeit in seinem Leben. Aber diese Zeit gehörte leider schon längst der Vergangenheit an.

Reginald beendete seine Grübeleien, schaute sich um, da er wieder mal völlig vergessen hatte, dass er in der ihn umgebenden Finsternis ohnehin nichts sehen konnte und setzte seinen Weg in eine ungewisse Zukunft fort.

Langsam spürte er die Müdigkeit in seinem Körper aufkommen, suchte sich einen halbwegs geeigneten Platz für seine Nachtruhe, legte sich hin und fiel alsbald in einen tiefen Schlaf.

Und wieder endete ein Tag - ein Tag wie jeder andere.

Ein Tag im Leben von Reginald, dem Regenwurm.

Stan

Bei seiner Geburt war der Knabe groß, stark und wie nahezu jeder Säugling das schönste Kind von allen.

Die Welt stand ihm offen, seine Perspektiven waren unbegrenzt, er würde seinen Weg machen.

Seine Eltern, John und Mary Dard hatten, so konnte man auch durchaus von objektiver Warte aus urteilen, die besten Voraussetzungen geschaffen, ihm ein erfolgreiches Leben zu ermöglichen.

Sie war anerkannte Naturwissenschaftlerin mit international beachteten Publikationen, er ein musisch hochbegabter Literat und Philosoph.

Ungeachtet der strittigen Frage, in welchem Maße die eigenen Fähigkeiten über die Gene an die Nachkommenschaft übertragen werden können, so schien doch das Erbmaterial, mit dem das Kind ausgestattet war, ein ziemliches Optimum darzustellen.

John und Mary konnten ein intaktes Heim bieten und es waren genügend finanzielle Reserven vorhanden, um ihrem Kind die bestmögliche Ausbildung zukommen zu lassen.

Schon Wochen vor dem ausgezählten Geburtstermin war ein Kindermädchen sorgsam ausgesucht und engagiert, ein Kinderhort und die besten Schulen bereits sondiert worden. Kurzum alles Denkbare war durchdacht, geplant und realisiert.

Nur eines hatten sie versäumt – sich rechtzeitig auf einen geeigneten Vornamen für ihren Sohn zu einigen.

Der Termin seiner Geburt rückte näher und näher, selbige verlief prompt und problemlos und so waren John und Mary gezwungen, spontan und unter Zeitdruck ihrem Sohn einen Namen zu geben.

Vielleicht lag es an der Tatsache, dass beide große Fans von Laurel und Hardy waren und sie sich bei einem ihrer Filme im Kino kennengelernt hatte, vielleicht war es nur aus einer Laune heraus, jedenfalls entschieden sie sich - wie sich letztendlich herausstellen sollte, unüberlegt - für den Namen Stan.

In den ersten Wochen und Monaten seines Lebens erfüllte der Junge die in ihn gesetzten Erwartungen voll und ganz.

Er war seinen Altersgenossen weit voraus.

So, als könne er es kaum erwarten, seine ihm zur Verfügung stehenden Kapazitäten bis ins Letzte auszunutzen, entwickelte er sich rasend schnell. Er lief bereits mit 10 Monaten und sprach seine ersten Worte früher als jeder andere.

Seine Auffassungsgabe und sein Wortschatz waren bemerkenswert.

Unter der Obhut seiner Eltern und seines Kindermädchens rundum beschützt vor schädlichen und bremsenden Einflüssen von außen konnte er sich auf den Weg machen in eine glänzende Zukunft.

John und Mary graute vor dem Gedanken ihren Sohn seinem wohlbehüteten Umfeld zu entreißen, aber sie waren vernünftig genug einzusehen, dass Stan die Erfahrung im Umgang mit Gleichaltrigen brauchte, um nicht zu einem hochtalentierten, aber sozial verkümmerten Monster zu werden.

Schweren Herzens entschlossen sie sich daher, ihren Sohn zumindest für einige wenige Stunden am Vormittag in einen der renommiertesten Kindergärten der Stadt zu bringen.

Sie konnten sich sicher sein, dass er nur mit Kindern der besten Familien zusammen sein und von hochqualifiziertem Personal betreut werden würde.

Selbstverständlich war aber auch, dass kaum eines der anderen Kinder Stan das Wasser reichen konnte.

Anfangs waren die Betreuer begeistert von seinen Fähigkeiten, mit denen es ihm gelang, sie immer wieder zu überraschen.

Doch mit der Zeit erwies sich seine Begabung mehr und mehr als Ärgernis. Es dauerte nur wenige Tage und kein anderes Kind wollte mit ihm spielen. Er konnte einfach alles besser und zeigte dies das ein ums andere Mal auch mehr als deutlich, womit er alle Sympathien schnell verspielt hatte.

Ihm blieb also nichts anderes übrig als sich mehr und mehr an die Betreuer zu wenden, in der Hoffnung dort einen adäquaten Spielpartner zu finden.

Diese konnten und wollten sich natürlich nicht nur um ein einzelnes Kind kümmern. Teilweise waren sie auch tatsächlich überfordert, da sie in ihrer beruflichen Laufbahn noch nie mit einem Zögling zu tun hatten, welcher solch geniale Eigenschaften mitbrachte und dies nicht Bestandteil ihrer Ausbildung war.

So ließen die ersten Kommentare seitens der Betreuer nicht lange auf sich warten, mit denen sie Stan inständig baten, nicht andauernd aus der Reihe zu tanzen und sich ein wenig der Allgemeinheit anzupassen.

Diese Aufforderung und die Tatsache, dass er, der selbstverständlich bereits des Lesens mächtig war, bei einer seiner Lektüren überraschenderweise seinen Namen in etwas anderer Schreibweise und mit einer völlig anderen Bedeutung entdecken musste, wurden zu einem Schlüsselerlebnis und stellten einen radikalen Bruch in seinem noch jungen Leben dar.

Die Jahre vergingen, Stan lebte sein Leben und eines Tages endete es.

Rückblickend blieb zu sagen, dass Stan Dard nach einer kurzen vielversprechenden frühen Kindheit und einem abrupten Wandel seinem Namen mehr als gerecht geworden war.

Tronje

Tronje glaubte zu träumen.

Wie jeder hatte auch Tronje sein Leben lang einen Wunsch gehabt.

Seit Kindertagen wünschte er sich nichts sehnlicher als einen Schatz zu finden, er allein und nur für sich. Er war damals schon stets der Erste, der aus dem Haus ging, sich weiter von daheim fort traute als andere und bei Wind und Wetter sein Reich durchkämmte, um den versteckten Schatz zu finden.

Seine kindliche Überzeugung war unerschütterlich. Der Schatz war ganz sicher da. Er musste nur genau genug suchen, früher oder später würde er ihn in Händen halten. Selbst wenn er mit anderen Kindern spielte, hatte er doch immer einen Blick übrig für Verfärbungen des Bodens, kleinste Erhebungen im Unterholz oder seltsame von der Umgebung abweichende Anordnungen des Laubes. Er hätte nicht sagen können, woher er es wusste, aber er war einfach die Koryphäe für das Erkennen von potentiellen Schatzfundstätten.

Im Laufe der Jahre war dieser Kindheitstraum verblasst und hatte an Intensität verloren, aber tief in ihm schlummerte er weiter. Und über all die Jahre, soweit es seine Zeit zuließ, durchstreifte er, scheinbar ziellos, aber stets aufmerksam und mit offenen Augen die Gegend in der stillen Hoffnung, seinen Schatz zu finden.

Dann eines Tages, genauer gesagt eines Nachts, schien sein Wunsch plötzlich und unerwartet in Erfüllung zu gehen.

Wie immer hatte Tronje einen harten arbeitsreichen Tag hinter sich und war froh, zuhause zu sein und den wohlverdienten Feierabend genießen zu können. Aber aus unerfindlichen Gründen gelang es ihm an diesem Abend nicht abzuschalten. Er fand einfach keine Ruhe. Daher entschloss er sich, einen Spaziergang zu unternehmen.

Es war eine wolkenverhangene windstille Neumondnacht. Nach kurzer Zeit erreichte er den nahe gelegenen Wald. Die Finsternis, die ihn nun umgab, war nuancenlos. Er hätte auch bei größter Mühe kaum Worte finden können, diese vollkommene Dunkelheit auch nur annähernd zu beschreiben.

Es war nicht nur dieses vollständige Fehlen an Licht und Farbe, welches so ungewöhnlich war und geradezu wie eine Prophezeiung auf ein ungewöhnliches Ereignis wirkte, es war das Zusammenspiel der Finsternis mit der gleichzeitigen Abwesenheit von Klang und Schall.

Die gewohnten Nebengeräusche und Hintergrundtöne, das Rauschen der Blätter im Wind, Türenschlagen, das Ticken einer Uhr, Motorenlärm, Hundegebell, Vogelgezwitscher oder gar Stimmen – all das zeichnete sich aus durch vollständige Abwesenheit.

Als er bald die verlassen durch den Wald führende Landstraße erreicht haben musste - er konnte sie weder sehen noch hören, aber er wusste, dass sie da war - wurde die vollkommene Stille jäh unterbrochen.

Zuerst leise, nur ein dumpfes Brummen, dann immer lauter werdend, war der überdrehte Motor eines Lastwagens zu hören. Welch ein ungewöhnliches Geräusch für diese Gegend und erst recht für diese Uhrzeit. Der Lärm ließ erahnen, dass der Transporter mit stark überhöhter Geschwindigkeit unterwegs war, lange bevor Tronje die ersten Strahlen des Scheinwerferlichts zwischen den Bäumen entdecken konnte. Die Strahlen begannen plötzlich ihre geordneten Bahnen zu verlassen, irrten umher, verblassten und hinterließen nur noch einen diffusen Schimmer. Zeitgleich durchschnitten quietschende Reifen die Nacht. Der Motor heulte kurz auf und verstummte dann jäh als ein lauter

Knall, zerbrechendes Holz mit berstendem Metall und Glas gepaart, die Unterbrechung der Stille beendete.

Schnellen Schrittes durchquerte Tronje den Wald, um die Ursache der Störung zu erreichen. Schon von weitem konnte er schließlich eines dieser riesigen Ungetüme entdecken, das nun einige Meter neben der Straße, Gestank und Rauchwolken verbreitend, auf der Seite lag. Noch immer schien unbändige Energie in ihm zu stecken. Wie von Geisterhand angetrieben, bewegten sich einige Reifen um ihre Achsen als wollten sie ihre Reise unbedingt fortsetzen.

Aber all dies sah Tronje nur teilnahmslos und ohne jedes Verständnis. Die Dimensionen und die Bestimmung dieses Gefährts überstiegen schlichtweg seinen Horizont und waren nie ein Bestandteil seines Lebens. Bis jetzt.

Denn was Tronje fesselte waren nicht die drehenden Räder, der qualmende Motor oder das zerborstene Fahrerhaus. Tronje hatte nur Augen für den über einige Meter aufgeschlitzten riesigen Anhänger, aus dem ein feinkörniges schneeweißes Material rieselte.

Zucker, Unmengen von Zucker – unaufhörlich schien er aus dem Container zu quellen, in Massen, die weit über Tronjes Vorstellungskraft hinausgingen.

Tronje hatte seinen Schatz gefunden, viel größer als er es sich hätte jemals vorstellen können.

So erfüllte sich der Traum von Tronje, dem Termitenmann.

Oder träumte Tronje?

Ulterior

Die Stille war allgegenwärtig. Schon lange.

Seit kurzer Zeit waren auch die äußeren Bilder verschwunden. Nuancenlose Dunkelheit.

Farben waren nicht mehr vorgegeben. Die Grenzen des optischen Sehens hatten sich aufgelöst.

Alle Bilder begannen im Inneren zu entstehen. Farben und Formen fernab von der Realität wurden geschaffen.

Sie entstanden nicht allein in Ulteriors Gehirn, sondern in der Seele.

Die Außenwelt war abgeschaltet.

Zwang und Gelegenheit, den Blick nach Innen zu wenden, Antworten nicht außerhalb zu suchen, nicht bei anderen. Täuschungen, Missverständnisse, Inkompatibilitäten eingeschlossen.

Zwang und Gelegenheit, sie dort zu suchen, wo sich auch die Quelle der Fragen befand –

in sich selbst.

Doch – nachdem die externen Grenzen gefallen waren und der bedingungslosen Freiheit Raum gelassen hatten, nahmen bald neue Grenzen deren Platz ein.

Grenzen, die notwendig waren, um sich, um den Verstand nicht in der Unendlichkeit zu verlieren.

Grenzen sind erträglich und überwindbar. Fesseln kann man lösen, Mauern einreißen, aus Gefängnissen entkommen. Der Unendlichkeit kann man nicht entfliehen.

Langsam, ganz langsam in weiter Ferne dämmerte es am unbekannten Horizont.

Der fremde Stern begann seine Größe zu entfalten, Licht zu spenden und Bilder zu erzeugen.

Die Pforten aus Ulteriors Innerem heraus öffneten sich wieder.

Victor und Victoria

Als Victor erwachte, war er zutiefst erstaunt darüber, dass es ihm gelungen war einzuschlafen.

Die Erschöpfung muss stärker gewesen sein als die Angst den Halt zu verlieren.

Es begann zu regnen – vielleicht die Gelegenheit seinen Durst zu stillen. Victor säuberte die Einbuchtung der Bohle, auf der er sich befand, so gut es ging, um diese als Auffangbecken zu nutzen. Obwohl die See kaum Wellengang aufwies, war ihm die geringe Wahrscheinlichkeit bewusst, salzfreies Wasser zu sammeln. Daher hoffte er, der Regen würde lang genug anhalten, seine Kleidung vom Salz weitgehend befreien und diese nachher auswringen zu können.

Es muss für einen unbeteiligten Beobachter seltsam ausgesehen haben wie Victor gleichzeitig mit offenem Mund und nach oben gestreckten Händen möglichst viele Regentropfen zu erhaschen versuchte.

Aber darüber machte er sich wahrlich keine Gedanken. Vielmehr spürte er mit jedem Milliliter, der seine Kehle herunter rann, die Kraft und die Wohltat, die Wasser zu schenken vermochte.

Der Durst war das Schlimmste! Victor gehörte zu den Männern, die auf ihr Äußeres achteten, sich mit unterschiedlichsten sportlichen Aktivitäten fit zu halten versuchten und auch insgeheim wussten, dass dies nötig war, da sie schnell Gefahr liefen, zu schnell unnötige Reserven anzulegen, was das Körpergewicht anbelangt.

Er verspürte Hunger, wen wundert dies nach fast drei kompletten Tagen ohne Nahrung. Aber dies hatte er gut im Griff und er konnte sich mit dem Gedanken noch recht gut trösten, einige

Gramm weniger auf seinen Rippen würden ihm gewiss nicht schaden.

Seine Gedanken schweiften zurück – zurück zu dem Zeitpunkt, der ihn in diese missliche Lage gebracht hatte.

Er hatte es sich schon ewig vorgenommen und die Vorfreude war riesig. Umso größer war das Glücksgefühl als es dann tatsächlich Wirklichkeit wurde - der Segeltörn allein mit der Südsee als Ziel, weit ab von seinen viel zu langen Arbeitstagen, weit ab von seinen viel zu belanglosen Freizeitaktivitäten, weit ab von seinen viel zu oberflächlichen Bekannten, seinen ihm fremd gewordenen Freunden. Weit ab von den Neidern, weit ab von seinem viel zu gehaltlosen bisherigen Leben.

Es war ein sonniger Frühsommertag mit leichter Brise als die Reise endlich begann. Die hochseetüchtige komfortable 20m Yacht war ausreichend mit allen Dingen bestückt, die eine unbeschwerte Fahrt ohne Zeitdruck erlauben sollte. Victor hatte sich keinen exakten Zeitrahmen vorgegeben und auch die Route war nicht bis ins Kleinste geplant. Er wollte den Atlantik in Angriff nehmen Richtung Süden, soviel stand fest, alles andere würde sich ergeben.

Für den Kontakt mit der zurückbleibenden Welt war durch modernste Technik gesorgt. Er hatte einigen Bekannten das Versprechen geben müssen, sich regelmäßig zu melden.

Und ein starker Motor würde ihm ein Fortkommen ermöglichen, falls der Wind einmal zu lange aussetzen sollte und er tatsächlich die Geduld verlieren und des Wartens überdrüssig werden würde.

Er war froh, dass, wie ausdrücklich von ihm gewünscht, niemand gekommen war als er sein Boot betrat, die Leinen löste und den Motor startete, um den Heimathafen zu verlassen.

Die ersten Tage waren in der Tat so wie er es sich vorgestellt hatte. Das Wetter war ruhig, viele Sonnenstunden bei stetem Wind, der ihn langsam, aber zielsicher vorantrieb.

Zeit, endlich die Bücher zu lesen, die sich in vielen Jahren angesammelt hatten und ungelesen geblieben waren.

Zeit, endlich die Musik zu hören, die ungehört geblieben war.

Zeit, endlich den Gedanken nachzugehen, die ungedacht geblieben waren.

Wenn Victor danach zumute war, lief er einen Hafen an, um das Essen in einem Restaurant zu genießen, sein Frischproviant aufzufüllen oder einfach nur, um ungestört unter Menschen zu sein.

Nach zwei Wochen änderte sich das Wetter, der Wind frischte kurzzeitig auf, dichte graue Wolken zogen auf. Es fielen einige Regentropfen, der Wind verstummte völlig und hinterließ eine Wolkendecke, die wie Blei den Horizont füllte und die Sonne verdeckte.

Als der dritte Tag angebrochen war und keine Änderung in Sicht war, verließ Victor ein wenig die Geduld, ein Anflug von Langeweile machte sich breit und so entschloss er sich, den Motor zu starten und den nächsten Hafen anzulaufen.

Er bemerkte zu spät, dass der Kraftstoffschlauch ein Leck hatte, sich ein Kraftstoff-Luft-Gemisch bildete und dieses mit lautem Knall explodierte, als er sich eine Zigarette anzünden wollte.

So endete Victors Traumreise auf abrupte Weise und er fand sich benommen, aber ansonsten wundersamerweise unverletzt, in den Fluten des Atlantiks wieder. Seine Yacht jedoch war in alle Einzelteile zerlegt und über eine Fläche von einigen Metern Durchmesser verstreut. Unter den wenigen schwimmfähigen Bestandteilen befand sich die anfangs erwähnte Bohle, auf die sich Victor zog und sich seinem Schicksal ergab.

Victoria war nun wahrlich nicht die typische Pauschalreisende, aber sie hatte sich nun einmal aus einer Laune heraus bei einem Preisrätsel beteiligt und tatsächlich gewonnen. Es war leider nicht der erste Preis, den zugehörigen schicken Kleinwagen hätte sie gerne gehabt, sondern der zweite, eine 10tägige Flugreise nach Südamerika. Als sie von ihrem Glück erfuhr, hatte sie zunächst überlegt, die Alternative zu wählen und sich den Gewinn bar auszahlen zu lassen, aber schließlich entschied sie sich doch für die Reise, die sie ansonsten, so ihre Vermutung, wohl nie machen würde.

Daher nahm sie sich für den betreffenden Zeitraum Urlaub, packte ihre Koffer, ließ sich von einer Freundin zum Flughafen bringen und bestieg die ausgebuchte Chartermaschine Richtung Rio.

Nachdem sie mit dem üblichen Gedränge ihren Platz gefunden, das Handgepäck verstaut und es sich einigermaßen bequem gemacht hatte, spürte sie die Vorfreude auf die fremden Länder, die Sehenswürdigkeiten und die Sonne, die auf sie warteten.

Mit wenigen Minuten Verspätung setzte sich die Maschine in Bewegung und Victoria versuchte das mulmige Gefühl zu unterdrücken, das sie jedes Mal verspürte, wenn sie in einem Flugzeug saß, das in Richtung Rollbahn unterwegs war. Dort musste der Flieger ein paar Minuten auf die Starterlaubnis warten, um schließlich wieder langsam vorwärts zu rollen, schneller und schneller wurde, um endlich mit aufheulenden Motoren vom Boden abzuheben.

Nach kurzer Zeit erreichte der Flieger eine nahezu horizontale Flugbahn, das Signal für die Anschnallpflicht erlosch und Victorias Magen beruhigte sich.

Es folgte die übliche Sicherheitsbelehrung durch die Stewardess, bei der sich zeigte, wer zu den Vielfliegern gehörte und für wen ein Flug ein neues oder zumindest ein seltenes Erlebnis war. Nur letztere verfolgten die Ausführungen der Stewardess aufmerksam, während die anderen bereits in Tageszeitungen, Zeitschriften oder Bücher vertieft waren oder gelangweilt die Augen geschlossen hatten.

Bevor Victoria Gelegenheit fand, sich die Passagiere in der Business - Klasse näher anzuschauen, sie saß in einer der ersten Reihen in der Economy - Klasse, versperrte eine der Stewardessen den Blick, indem sie einen schweren Vorhang zuzog. Einige ihrer Kolleginnen waren bereits damit beschäftigt, ein üppiges Sektfrühstück zu servieren.

Da sich das „normale Volk" noch etwas gedulden musste, bis das sicherlich bei weitem nicht so feudale Frühstück verteilt wurde, begann Victoria ihre Mitreisenden in Augenschein zu nehmen.

Direkt neben ihr auf dem Fenster- und Mittelplatz saßen zwei Geschäftsleute. Offenbar nicht wichtig genug oder vielleicht auch zu preisbewusst für die Business - Klasse, aber mit den unvermeidlichen Aktenkoffern und Laptops, über die sie sich im selben Augenblick hermachten, in dem nach dem Start die Erlaubnis erteilt worden war.

Auf der anderen Seite des Mittelgangs saß eine junge Frau mit zwei kleinen Kindern, die nachdem sich die erste Aufregung gelegt hatte, auch prompt zu quengeln anfingen und unverzüglich böse Blicke der Geschäftsleute ernteten.

Bevor Victoria ihre Blicke weiter schweifen lassen konnte, begannen nun die Flugbegleiterinnen auch in ihrem Bereich das Frühstück zu verteilen. Sie freute sich, dass sie zu den ersten gehörte, was allerdings auch bedeutete, dass die Geschäftsreisenden ihre geliebten Laptops verstauen mussten und sich nun veranlasst fühlten, die bösen Blicke auf die Stewardess umzulenken.

Das Frühstück verlief erfolgreich. Victoria schaffte es, das einge-
schweißte Paket zu öffnen, ohne dass ein Teil des Inhalts das
Weite suchte oder ihr Ellenbogen spontanen und heftigen Kon-
takt mit den Rippen des Nachbarn genommen hätte. Selbst das
Öffnen des Tütchens mit Besteck, Butter, Milch und Zucker, das
Aufschneiden und Belegen des Brötchens und das Essen selbst
gelang trotz der eingeschränkten Bewegungsfreiheit komplikati-
onslos und Victorias Kleidung blieb unbefleckt.

Erleichtert, diese erste schwierige Hürde unbeschadet überstan-
den zu haben, widmete sie sich wieder dem Studium der Mitrei-
senden.

Der Anblick der kleinen Kinder auf der anderen Seite ihrer Sitz-
reihe, die mit ihrem Essen reichlich kreative Aktionen vollführ-
ten und der mehr als genervten Mutter diente nicht dazu, Ur-
laubsstimmung aufkommen zu lassen. Victoria entschloss sich
daher ihre Blicke schweifen zu lassen.

Schräg vor ihr saßen drei junge Männer, die sich offenbar in
ausgelassener Urlaubsstimmung befanden. Vielleicht würde sie
diese in Südamerika wieder treffen, könnte interessant werden.

Etwas später schloss Victoria die Augen und schlummerte recht
bald ein.

So bekam sie kaum etwas mit von der sich anbahnenden Kata-
strophe. Sie wurde abrupt durch einen gellenden Schrei aus ih-
rem Schlaf gerissen und bemerkte panische Aufgeregtheit um
sich herum. Erst nach einigen Augenblicken realisierte sie, dass
sich das Flugzeug in ungewöhnlicher Weise nach vorne neigte
und sah nur noch aus den Augenwinkeln die mit flackernden
Flammen brennenden Motoren rechts hinten. Kurz darauf
schlug die Maschine auch schon mit infernalischem Knall auf die
Meeresoberfläche und zerbarst.

Der Passagierraum zerbrach einige Meter vor Victorias Sitzreihe,
ziemlich genau an der Grenze zwischen erster und zweiter Klas-

se. Die Menschen in unmittelbarer Nähe überlebten die unvorstellbare Wucht nicht oder nur schwer verletzt und waren daher nicht in der Lage, sich selbst aus dem Flugzeug zu retten, das nach wenigen Minuten in den Fluten versank.

Victoria, die nicht angeschnallt war, wurde aus dem Inneren herausgeschleudert. Unter Schock stehend schwamm sie ohne sich umzuschauen, aus dem Bereich der Strudel heraus, die durch das untergehende Flugzeug erzeugt wurden.

Sie schwamm weiter und weiter, unbestimmte Zeit, bis ihre Kräfte nachließen und sie sich ihrer Handlungsweise und ihrer Situation bewusst wurde.

Sie stoppte und schaute sich um.

Um sie herum die blanke Meeresoberfläche. Keine Spur vom Flugzeug. Keine Spur von anderen Menschen. Keine Trümmer zu erblicken. Kein Laut zu hören, nur das monotone Plätschern der Wellen.

Bevor die Kälte ihre Muskeln zu lähmen drohte, begann sie erneut in eine willkürlich gewählte Richtung zu schwimmen. Sie schwamm, weiter und weiter, ohne jedes Zeitgefühl.

Die Dämmerung zog herauf und Victorias Kräfte und Hoffnung schwanden. Kurz bevor sie nahe daran war aufzugeben, glaubte sie am Horizont eine farbigen Fleck erkennen zu können und hielt darauf zu.

Nach einigen Minuten konnte sie vage eine Person erkennen, die sich an eine Art Brett klammerte und ihr mit einer Hand zuwinkte.

Sie bewegten sich langsam aufeinander zu.

Victoria ergriff Victors Hand und ließ sich von ihm auf die Bohle ziehen, während er sich gleichzeitig auf der anderen Seite ins Wasser gleiten ließ, um ihr Platz zu machen.

Nachdem sie wieder ein wenig Kraft geschöpft hatte, nahm sie Victor an der Hand und versuchte das Gleichgewicht zu halten, als dieser sich unterkühlt und geschwächt ebenfalls wieder auf die Bohle hievte. Eng umschlungen hielten sie sich fest, um sich zu wärmen und um nicht von den anwachsenden Wellen ins Meer gespült zu werden.

Der Regen hatte aufgehört und die verbleibenden Regenwolken wurden vom auffrischenden Wind verjagt. Kalter Nordostwind ließ auf den immer höher werdenden Wellenbergen weiße schaumige Gischt entstehen.

Victor und Victorias reden kaum miteinander, es schien in ihrer Situation unangebracht und überflüssig, sie waren stillschweigend froh, dass der andere da war. Sie spürten, dass sie keine Chance hatten, aber ihre Trostlosigkeit war gewichen.

Der Wind war zu einem Sturm geworden, die Bohle wurde einer Nussschale gleich hin und her geworfen. Victor und Victorias Widerstand war gebrochen. Sie spürten es zeitgleich, schauten sich an und ließen los.

Ihr letzter Gedanke war:

„Was kann es Schöneres geben als sich gemeinsam einfach fallen zu lassen?"

Wolf

Da war es wieder, dieses unbestimmte Gefühl, dass ihn hin und wieder kurz zum Einbruch der Dunkelheit überfiel.

Seine Handlungsweise war sinnlos und er wusste es, aber er konnte nichts dagegen tun.

Sicher, er hatte schon immer seine Eigenarten, doch die meiste Zeit hob er sich um keinen Deut aus der Normalität heraus. Viele Jahre war er, wie man sich allgemeinhin so jemanden wie ihn vorstellt.

Aber zu gewissen Zeiten war dies grundlegend anders.

Manchmal fragte er sich selbst, ob die Änderung schlagartig eingetreten war oder sich über eine längere Periode hinweg entwickelt hatte. Er war sich nicht sicher. Ganz sicher war er sich jedoch darüber, dass es passiert war. Hätte man ihn aber gefragt, was es denn nun genau war und was er selbst von dieser Änderung hielt, so wäre er nicht in der Lage gewesen, eine Antwort zu geben.

Der Ausnahmezustand trat immer dann ein, wenn er sie sah.

Glücklicherweise geschah dies nur recht selten. Einerseits war er natürlich sehr froh darüber, denn zumindest nach außen hin benahm er sich während ihrer Abwesenheit so wie immer.

Er hatte sich im Griff.

Tief in seinem Inneren allerdings machte sich diese verzehrende schwarze Leere in ihm breit, sobald er sie aus den Augen verloren hatte - eine Leere, die ihn zu zerreißen drohte.

Manchmal glaubte er sogar, sie dafür zu hassen. Aber wenn er auch nur begann, etwas intensiver über seine Gefühle und damit zwangsläufig über sie nachzudenken, war für so etwas wie Hass nicht der geringste Raum. Die schwarze Leere füllte sich vollends mit.......

- er wusste es nicht -

...war es Liebe, war es (Sehn-)Sucht, war es der Beginn von Irrsinn oder war es nur eine Art Krankheit, die ihn ergriffen hatte und bald überwunden war?

Eines konnte er allerdings ganz sicher ausschließen - er konnte ausschließen, dass es Glück war.

Nein, Glück war es nicht.

Denn auch wenn er sich noch so einzubilden versuchte, sie wäre jetzt endlich nur für ihn da, ahnte er insgeheim, dass dies nicht stimmte.

Sicher, manchmal hatte er das Gefühl, sie würde ihn und nur ihn anstrahlen, ihm und nur ihm ihre Wärme schenken. Aber bereits im nächsten Augenblick schien sie wieder unendlich weit fort und ihn mit kalter Überheblichkeit zu verhöhnen oder, was vielleicht noch schlimmer war, ihn einfach nur zu übersehen.

Die Tage zogen sich endlos, denn er war sich sicher, nur nach Einbruch der Dunkelheit würde die Chance bestehen, sie in ihrer vollen Schönheit zu sehen.

Es war in der Vergangenheit einige Male vorgekommen, dass er sie auch bei Tageslicht in der Ferne sah, klein und irgendwie verloren.

In der Stille der Nacht jedoch war sie die, die ihn den Kopf verlieren ließ.

In der Stille der Nacht erschien sie groß, kraftvoll und von überirdischer Schönheit - manchmal.

Sobald sich der Tag dem Ende neigte, spürte er die Unruhe in sich.

Würde er sie sehen, blieb sie gänzlich verschwunden oder versteckte sie sich wie hinter einem Schleier vor seinen Blicken?

Würde sie kalt und abweisend sein oder würde sie ihm etwas von ihrem Glanz schenken? Würde er in seiner Sucht etwas befriedigt Ruhe finden oder musste er, wie so oft, ruhelos wie von einem übermächtigen Fieberschub geschüttelt in der Dunkelheit umherirren? Um schließlich kurz vor Tagesanbruch in einen unruhigen, keine Erholung schenkenden Schlaf zu fallen.

Er hatte sich in einem Unterschlupf versteckt. Es musste doch möglich sein, Herr über sein Verlangen zu werden. Doch all sein Hoffen war umsonst.

Urplötzlich war sie da und in dem Moment als er sie sah, verlor er die Gewalt über sich.

Völlig willenlos strich Wolf umher, suchte sich einen einsamen Platz und heulte herzzerreißend.

Das Heulen war so grauenerregend, dass er aufwachte und mit lautem Getöse von der Stange fiel.

Noch während er sich mühsam und mit hastigem Geflatter zu fangen versuchte, erhaschte er mit einem Blick die Deckenlampe, die ihm, Wolf, dem Wellensittich, so oft diesen sonderbaren Traum bescherte.

Xaver

Xaver hatte ein sehr ungewöhnliches Hobby. Er sammelte schwarze Löcher. Bis er sich dessen bewusst war und er sich dazu bekannte, dauerte es aber eine geraume Zeit.

Es begann eigentlich damit, dass er im Großen und Ganzen eine absolut normale Kindheit hatte, mit einer Ausnahme - er hatte einfach ein bisschen mehr Pech als die anderen Kinder.

Er fiel nicht nur häufiger hin, nein, er verletzte sich prinzipiell auch schwerer als es bei seinen Leidensgenossen der Fall war.

Er versäumte nur höchst selten, seine Hausaufgaben zu machen. Aber falls dies geschah, konnte er Wetten darauf abschließen, vom Lehrer aufgerufen zu werden.

Sein Fahrrad hatte häufiger einen Plattfuß als es dem normalen Durchschnitt entsprach.

Das nicht aussortierte Innenleben von Kernobst bei Torten, Kuchen oder Nachtischen aller Art fand sich ziemlich sicher auf seinem Teller wieder.

Er hatte beim Fußballspielen die mit Abstand höchste Selbsttorquote.

Die Reihe ließ sich beliebig fortsetzen, kurzum, er war nicht gerade das, was man einen Glückspilz nennen würde.

Anfänglich ärgerte ihn dies verständlicherweise maßlos, machte ihn gleichzeitig sehr traurig und erzeugte in ihm ein schwarzes Loch, um es in seinen eigenen Worten auszudrücken.

Neue schwarze Löcher entstanden nicht nur, wenn ihm irgendetwas unsagbar Unerfreuliches, Ungeschicktes oder Unglückliches widerfuhr, sondern selbst dann, wenn er nur darüber nachdachte, was denn alles an Vorkommnissen aus diesen Kategorien in der früheren oder späteren Vergangenheit passiert war.

Es dauerte daher wirklich nicht lange, bis sein inneres Fass, wie er es zu nennen pflegte, schon gut gefüllt war mit diversen schwarzen Löchern. Es kam hin und wieder vor, dass sich ein schwarzes Loch mit den Jahren in nichts auflöste, aber die Geburtenrate war deutlich höher.

Aufgrund der Häufigkeit des Erscheinens von schwarzen Löchern war Xaver entsprechend häufig wütend und traurig.

Aber mit der Zeit gewöhnte er sich an sein Schicksal und die Wut ließ mehr und mehr nach, um einer gewissen Form von Fatalismus Platz zu machen. Gleichzeitig stellte Xaver fest, dass sein Pech, seine schwarzen Löcher und die damit verbundene Traurigkeit oder was auch immer bei vielen seiner Mitmenschen, insbesondere bei denen weiblichen Geschlechts, Mitleid und sogar Sympathie erzeugte. Dies war Xaver, zumindest in einigen Fällen, durchaus nicht unangenehm.

Und so kam es im Laufe der Zeit dazu, dass Xaver die schwarzen Löcher nicht zwangsläufig aufgrund der auftretenden Unannehmlichkeiten in sich anhäufte - nein - irgendwann begann er sich mit dem Zustand als solches anzufreunden und schwarze Löcher gezielt zu sammeln.

Wie jeder richtige Sammler verlor auch Xaver allmählich seine ihm eigene Zurückhaltung und verfiel einem regelrechten Sammlerrausch.

Das ging so weit, dass er zum Teil mutwillig das Pech heraufbeschwor, nur um ein neues schwarzes Loch entstehen zu lassen.

So dauerte es auch nicht lange, bis sich der Inhalt seines Schwarze-Löcher-Fasses langsam dem obersten Rand näherte.

Nach Xavers Überzeugung war es physikalisch gesehen höchst unwahrscheinlich, dass ein weiteres schwarzes Loch ein Fass

zum Überlaufen bringt und damit unangenehme Folgen herauf-
beschwören vermochte.

Allerdings hatte in der Vergangenheit noch niemand die Idee
gehabt, darüber eine exakte wissenschaftliche Untersuchung
durchzuführen, geschweige denn, dies tatsächlich auch zu tun.

Nun denn - Xaver fügte also ein weiteres schwarzes Loch seinem
inneren Lagerplatz zu und hoffte, ohne unabsehbare Konse-
quenzen auskommen zu können.

Um das Bild des Fasses erneut zu strapazieren, passierte aller-
dings folgendes.

Bekanntermaßen dehnen sich schwarze Löcher unter besonderen
Umständen, beispielsweise beim unkontrollierten Zusammen-
treffen mehrerer nicht miteinander verwandter schwarzer Lö-
cher, schlagartig mit sich selbst potenzierter Überlichtgeschwin-
digkeit aus.

Da Xaver recht viel Pech hatte, trat aber nun genau dieser, statis-
tisch gesehen, eigentlich unmögliche Fall ein.

Einer solch abnorm großen Geschwindigkeit kann naturgemäß
selbst das schnellste Fass nicht folgen. Folgerichtig wurden die
schwarzen Löcher kurzzeitig größer als das sie beinhaltende
Fass, so dass eines der schwarzen Löcher keinen Platz mehr da-
rin fand und herausfiel. Es wuchs schlagartig zu einer Größe
heran, die selbst Xavers Ausmaße übertraf.

Dies wiederum führte dazu, dass Xaver das Gleichgewicht ver-
lor, kopfüber in das besagte Loch fiel und für immer ver-
schwunden blieb.

Ygraton der 1219ste

Ygra, ein kleiner Planet nahe der hypergalaktischen Fernroute FAR17+4 hat seinen eigenen Reiz.

Dieser Reiz ist allerdings so extrem eigen, dass es im Laufe der Äonen zu einem nirgendwo dokumentierten, aber doch nahezu unumstößlichen Gesetz geworden ist, den Planeten nur dann anzufliegen, wenn es denn nun gar nicht anders geht, also wirklich nur im allerdringlichsten Notfall.

Alle halbwegs erfahrenen Astronauten, Kosmonauten, Galaxinauten, Universunauten oder wie immer sie sich nennen mögen, meiden Ygra daher wie die Pest, obwohl es eigentlich kaum jemanden gibt, der einen konkreten Grund dafür nennen könnte.

Der einzige Vorteil von Ygra ist, dass er in einer Gegend des Universums seine Kreise zieht, in der es von erträglicheren Planeten, Raumstationen und sonstigen Gestirnen nur so wimmelt.

- Dass dies der einzige Vorteil von Ygra ist, sehen dessen Bewohner, die Ygraner, zwar völlig anders, aber universell betrachtet zählen die Ygraner natürlich nicht -

Daher schaffen es alle Raumfahrer in der Regel auch im schlimmsten Havariefall Ygra zu umschiffen und anderswo Hilfe zu suchen.

Wie auf allen hypergalaktischen Fernstraßen üblich, findet man auch auf der FAR17+4 Navigationshilfen zu fast jedem auch noch so kleinen Fleck in der Nähe, der sich vom umgebenden Vakuum unterscheidet, nur Hinweise auf Ygra wurden beflissentlich unterlassen. Aus diesem Grund verirrt sich auch ein absolutes Greenhorn, das von dem genannten ungeschriebenen Gesetz nichts kennt, so gut wie nie zum Planeten Ygra.

Eine solche Abgeschiedenheit hat selbstverständlich dazu geführt, dass die Ygraner nicht viel von dem wussten, was um sie herum so passierte, zumal sie keinerlei Bedürfnis verspürten, ihren Planeten zu verlassen. Die Ygraner blieben unter sich und wurden mit der Zeit recht sonderlich.

Allerdings muss man ihnen zugutehalten, dass sie selbst beim besten Willen kaum Chancen gehabt hätten sich grundlegend zu verändern. Dazu waren Ygra, die Gegebenheiten auf Ygra und die Ygraner selbst einfach zu ygranisch.

Die Ygraner haben nicht viel Ähnlichkeit mit den Lebewesen, die ansonsten die Weiten des Universums bevölkern.

Sicher, es gibt schon zum Teil erhebliche Unterschiede, aber bei nahezu allen Kreaturen sind die Fortbewegungsorgane so ausgebildet, dass sie den Boden berühren, also in der Regel unten, die Greiforgane sind am Ende der Extremitäten angewachsen, damit sie auch etwas anderes greifen können als immer nur sich selbst, Riech- und Essorgane sind üblicherweise nah beieinander, damit man ohne große Umstände die Dinge beschnuppern kann, bevor man sie in den Mund schiebt und Seh- und Tastorgane pflegen nach außen gerichtet zu sein, damit man etwas von seiner Umgebung mitbekommt.

Wie erwähnt, bei den Ygranern ist alles ein wenig anders. Schon aus größerer Entfernung wirkt ihre äußere Erscheinung recht befremdend. Alle Ygraner haben unabhängig von ihrem Alter eine Körpergröße von 1Y, das entspricht etwa 1,58m. Ygraner sind grundsätzlich unbekleidet, so dass ihre unbehaarte lederne giftgrüne Haut sofort ins Auge sticht. Sie besitzen drei unterschiedlich lange Beine, wovon die beiden, die unterhalb ihres Bauches angewachsen sind, in der Regel für die Fortbewegung benutzt werden. Ygraner bewegen sich in mehr oder weniger aufrechter Haltung in extrem schwankender Weise, vergleichbar mit der Gangart eines betrunkenen Seemanns bei Windstärke 11-12.

Das dritte Bein wächst ihnen senkrecht auf dem Kopf. Der „Fuß" dieses dritten Beins wird als Greiforgan benutzt, in der Regel um unablässig Essbares in den riesigen Mund zu stopfen.

Direkt unterhalb des dritten Beines befindet sich das Auge der Ygraner, welches allerdings nicht auffällt, da es die meiste Zeit nach innen gerichtet ist. Der normale Ygraner benötigt etwa 20 Erdenjahre, bis er das Innere seines Kopfes so gut kennt, dass er auf das Sehen völlig verzichtet und das Auge verkümmert.

Der knochige Mund füllt die restliche Fläche des Kopfes aus.

Ygraner orientieren sich mit einer Art Entfernungssensor und mit ihrem gut ausgebildeten Geruchssinn. Dafür kommt ihnen ihre riesige Nase zugute, die sich zentral auf ihrem Rücken befindet. Ohne den Geruchssinn zu beeinträchtigen pflegt aus der Nase während der Wintermonate, also aufgrund einer astrophysikalischen Besonderheit des Planeten Ygra abgesehen von einem Tag immer, eine Unmenge von gelbgrünlichem Sekret zu strömen. Ihr Hinterteil ist daher stets nass und somit relativ sauber, leider gerät die Flüssigkeit auch unter ihre enormen Füße, so dass die Ygraner durchschnittlich bei jedem 13. Schritt ausrutschen.

Erstaunlicherweise nennen die Ygraner auch zwei Arme und zwei Hände ihr Eigen. Die Arme ragen an beiden Seiten des etwa 30 cm langen Halses heraus. In der Mitte der Arme, dort wo sich üblicherweise der Ellenbogen befindet, sind die Hände angebracht, so dass deren Nutzen nur von eingeschränktem Wert ist. Nur wenigen Ygraner gelang es nach langjährigem Training Nahrungsmittel durch einen gezielten Wurf von einer ihrer Hände in ihren Mund zu befördern.

Schließlich und endlich verfügen die Ygraner auch über Geschlechtsorgane. Beschaffenheit, Aussehen und die genaue Platzierung sind aber selbst den meisten Ygranern nicht näher bekannt.

Die meiste Zeit verbringen die Ygraner damit, durch die Gegend zu torkeln, nach Essbarem zu suchen und in sich hinein zu stopfen. Die übrige Zeit wird benötigt, um sich davon auszuruhen.

Jedes halbwegs phantasiebegabte irdische oder außerirdische Lebewesen kann sich nun leicht vorstellen, dass die Ygraner aufgrund der ungewöhnlichen biologischen Gegebenheiten genug mit sich selber zu tun haben, als dass viel zwischenygrianische oder soziologische Beziehungen zutage treten würden.

Ausnahme bildet der einzige Sommertag des Jahres. An diesem Tag straucheln die Ygraner über den Planeten – es sei denn, sie verschlafen den Sommer – und fallen, wenn sie einen Artgenossen treffen, verschämt übereinander her, um für Nachwuchs zu sorgen. In den allermeisten Fällen lassen sie aber um ein Vielfaches verschämter voneinander ab, da sie entweder trotz größter Mühe die Geschlechtsorgane nicht finden oder feststellen, dass sie einen gleichgeschlechtlichen Ygraner erwischt haben.

So oder so ähnlich spielte sich also das Leben auf Ygra ab für viele viele Jahrtausende.

Dann aber trat eine revolutionäre Änderung des soziokulturellen Lebens auf Ygra ein.

Es begann damit, dass eines Tages ein Sternenreisender während einer seiner Expeditionen plötzlich mit großem Schrecken erkennen musste, dass der Müllschlucker seines Raumkreuzers defekt war und sich diverse Flaschen, Tüten, Dosen und Essensreste in der Kommandobrücke zu sammeln begannen.

Er versuchte natürlich Ygra zu umschiffen und die nächste Raststätte mit Werkstatt und Müllsammelbehältern anzusteuern. Aber als er merkte, dass die Navigationsinstrumente zunehmend mit Joghurtresten, Schokostreuseln, Bananenschalen und eingetrocknetem Bierschaum verklebt waren und die einfachsten Lenkbewegungen unmöglich wurden, blieb ihm nichts anderes übrig, als die Außentürschleuse zu öffnen.

Mühsam schaffte er allen Müll in die Schleuse (inklusive 977 verschmutzter Clean-Ex, mit denen er die Instrumente gereinigt hatte), verriegelte die Schleuse zur Kommandobrücke, öffnete die Außenluke und beförderte den Müll ins Weltall (natürlich nicht ohne sich zuvor einen Raumanzug angezogen und sich mit mehreren Wäscheleinen gesichert zu haben).

In dem Moment als der Sternenreisende die Außenluke öffnete, verloren sich die diversen Abfälle in der Unendlichkeit des Raumes. Unter diesen Gegenständen befand sich eine nicht restlos geleerte Flasche Heinz – Tomatenketchup.

Wie es der Zufall, die Gravitation oder wer oder was auch immer es wollte, gelang diese Flasche in das Schwerefeld von Ygra und nach einigen ungeordneten Irrwegen wohlbehalten auf dessen Oberfläche.

Dies war der erste außerplanetarische Gegenstand auf Ygra seit Ygranergedenken und stellte somit etwas ganz Besonderes dar, zumal die Reste des Flascheninhalts Gerüche von sich gaben, die niemals zuvor auf Ygra wahrgenommen worden waren. Dass der Inhalt mittlerweile auch eine Vielzahl der abenteuerlichsten Farben angenommen hatte, konnten die Ygraner aufgrund ihrer eigenwilligen Anatomie leider nicht sehen.

Kurzum der glückliche Finder fühlte sich ebenfalls als etwas ganz Besonderes und gab sich als der erste Ygraner überhaupt einen Namen und den Titel „Auserwählter Dingsträger".

Die Begriffe Flasche, Ketchup oder Heinz waren auf Ygra selbstverständlich nicht bekannt, so dass der sogar auf Ygra geläufige Begriff „Dings" herhalten musste.

Als Name wählte der „Auserwählte Dingsträger" in einer plötzlichen kreativen Schaffensphase „Ygraton" und trug von da an die Flasche mit dem Fuß des dritten Beines fest umschlugen ständig bei sich.

Die übrigen Ygraner als gutmütige, friedliebende und etwas schwerfällige Kreaturen erkannten dieses Privileg neidlos an.

Jedoch konnte Ygraton nur recht kurze Zeit dieses Privileg genießen, da er leider nicht zu den wenigen Ygranern gehörte, die sich mit Hilfe ihrer Hände die Nahrung zuführen konnten. Seine Wurfversuche in Richtung Mund waren nur in den seltensten Fällen erfolgreich und sein Essfuß durch das ständige Tragen der Flasche belegt.

So begab es sich, dass Ygraton alsbald verhungerte und zwangsläufig die Flasche verlor.

Der Artgenosse, der sich im Moment des Ablebens zufällig in Ygratons Nähe befand, nahm das Relikt an sich und nannte sich Ygraton, der 2.

Auf diese Weise entwickelte sich die Dingsdynastie, deren Kennzeichen die ungewöhnlich kurze Lebensdauer des jeweiligen Herrschers ist. Eine rühmliche Ausnahme stellte Ygraton, der 1219. dar, der für seine Geschicklichkeit mit den Händen gerühmt wird und dem deshalb auch diese Geschichte gewidmet ist.

Möge er lange leben.

Zacharias

Langsam aber sicher spürte Zacharias einen Anflug von Wut in sich aufkommen.
Pünktlichkeit war nun mal nicht unbedingt Annas herausragende Eigenschaft.
Irgendwie kam eigentlich immer etwas dazwischen.

Eine durchaus herausragende Eigenschaft von Anna war allerdings ihre Phantasie. Je später sie zu einem Termin erschien, desto einfallsreicher waren ihre Entschuldigungen.

Er kannte dies schon, aber daran gewöhnen konnte und wollte er sich nicht.

Und da er dazu neigte, überpünktlich zu sein, war er auch diesmal viel zu früh am vereinbarten Treffpunkt erschienen und ärgerte sich nun doppelt - zum einen über Anna, zum anderen aber auch über sich selbst.

Die vereinbarte Zeit war nun bereits einige Minuten überschritten und Zacharias spielte ernsthaft mit dem Gedanken, sich auf den Heimweg zu begeben.

Es würde höchste Zeit, Anna einmal Grenzen aufzuzeigen und deutlich zu machen, dass selbst seine Geduld irgendwann und irgendwo zu Ende ist.

Andererseits war er gespannt auf die Erklärung, die Anna mit unschuldsvoller Miene hervorzaubern würde, um ihre Verspätung zu entschuldigen.

Einen kurzen Moment war Zacharias hin und her gerissen, aber dann überwog der Gedanke daran, dass er letztendlich von einer solchen zweifellos berechtigten Aktion nicht viel haben würde.

Im schlimmsten Fall wäre Anna verärgert und er hätte mühevoll längere Zeit daran zu arbeiten, Annas Wohlwollen zurückzugewinnen.

Im besten Fall würde sie bei den nächsten Verabredungen vielleicht pünktlich sein, aber grundlegend ändern würde sie sich gewiss nicht - wäre eigentlich auch schade.

So oder so - er würde allein die Zeit totzuschlagen versuchen, sich wahrscheinlich nur über sich selbst ärgern und ausmalen, was er verpasste.

Darum entschloss er sich, zu bleiben, das schöne Wetter und die Vorfreude zu genießen und mal wieder Fünfe gerade sein zu lassen.

Sicher, Anna hatte ihre Macken und es gab oft genug Gründe, auf Anna sauer zu sein. Aber waren es die schönen Augenblicke nicht wert, über die Unzulänglichkeiten hinweg zu sehen. Zacharias wusste, dass viele ihn beneideten und nur zu gerne bereit gewesen wären, die kleinen Ärgernisse in Kauf zu nehmen.

Ein Leben bestehend aus Zuverlässigkeiten, Exaktheiten, Regelmäßigkeiten und Planbarkeiten war einfacher und gewiss befreit von vielen Enttäuschungen - ohne Ecken und Kanten, an denen man sich so leicht verletzen konnte.

Aber es wäre auch frei von den kleinen angenehmen Überraschungen, von den vielen dunklen Verwinkelungen, hinter denen manchmal ein unerwartetes Licht wartet.
Mit diesen Gedanken harrte Zacharias aus.
Die Zeit verstrich, doch Anna erschien nicht mehr.

Aus einem ihm nicht ersichtlichen Grund empfand er keine Wut und keine schlechte Laune.

„Falsche Schlange", dachte sich Zacharias mit einer Art Galgenhumor, schlängelte langsam nach Hause und freute sich insgeheim schon auf sein nächstes Wiedersehen mit Anna.

Kapitel 3

Geschichten

Anfang

Am Anfang fehlte ihm ein Wort.

Genau genommen fehlte es nicht nur ihm allein, so glaubte er.

Er wurde sich im Laufe seiner Überlegungen immer sicherer, dass dieses Wort schlichtweg nicht existierte. Es fehlte grundsätzlich.

Er fragte sich, wie es sein konnte, dass die redseligen Menschen es im Laufe von Jahrtausenden versäumt hatten, solch ein essentielles Wort zu schaffen. Und mehr noch erstaunte ihn, dass außer ihm, das Fehlen offensichtlich noch niemandem aufgefallen war.

Dabei ging es ihm einfach nur darum, seine Gefühle zu artikulieren, um sie seinen Mitmenschen im Allgemeinen und vor allem im Besonderen kundzutun.

Das Wort Liebe, welches allerorts in fast inflationärer Weise zu hören und üblicherweise für diese oder vergleichbare Fälle genutzt wurde, war nicht das richtige.

Soviel war sicher.

Es erschien ihm nicht angebracht, dieses große, ein gewisse Stetigkeit in sich bergende Wort, für seine Gefühle zu verwenden, die einem ständigen Auf und Ab unterworfen waren.

Es gab so viele poetische Umschreibungen, coole Phrasen oder aber gestelzte Synonyme wie Huld, Gunst, Zuneigung, Gewogenheit, Herzenswärme, Herzlichkeit, Obsession, Hingebung, Aufopferung, Leidenschaft, Hingezogenheit, Anhänglichkeit.

Die Sprache bot ein Übermaß an Möglichkeiten, aber die allermeisten Worte waren nicht geeignet, da sie schlichtweg zu wenig flexibel erschienen.

Sie änderten vielleicht im Laufe der Zeit in Nuancen ihre Bedeutung, behielten aber doch im Kern ihren Sinn - bedeutungsschwer, gewaltig, aber träge.

Andere Worte waren wohl einem steten Wandel unterworfen, Modewörter, die wie ein Komet kurz aufblitzen, von jedem wahrgenommen und schnell wieder vergessen waren.

Aber diesen fehlte es an Substanz, die wiederum seinen Gefühlen durchaus zueigen war.

Und es gab so viele Worte, die nichtssagend waren. Worthülsen, Kokons, mächtige Rüstungen, die nichts anderes taten als die Bedeutungslosigkeit in ihnen zu schützen. Diese kamen erst recht nicht in Frage.

Er fand einfach keines, dass seine Gefühle exakt oder auch nur annähernd zu beschreiben schien. Seine Vorstellung von dem, was die einzelnen Begriffe und Umschreibungen bedeuteten und der Zustand, den er zu schildern suchte, waren nicht in Übereinstimmung zu bringen.

Wie konnte dann jemand anderes mit Hilfe eines unzulänglichen Begriffes das verstehen, was er empfand?

Je länger er darüber nachdachte, desto bewusster wurde ihm bald ein ganz anderes Problem. Allen Arten von Worten war eines gemeinsam – im Detail verstand ein jeder etwas anderes darunter. Es fehlte die Präzision und die Allgemeingültigkeit.

Bei Worten, die etwas Abstraktes beschreiben, war dies zu erwarten. Etwas, das im wahrsten Sinne nicht fassbar war, ließ sich mit einem Begriff kaum unmissverständlich festschreiben. Dies galt selbst für unpersönliche Dinge, die nicht durch zusätzliche emotionelle Turbulenzen verwischt wurden. Ohne die Krücken der fünf Sinne war man allein auf die Kraft der Gedanken und der Phantasie angewiesen, die nicht durch physikalische Grenzen gezügelt wurde.

Je tiefer er seine Gedanken schweifen ließ, desto bewusster wurde ihm die Unschärfe der Sprache.

Worte wie „gut", „schön", „nett" waren immer direkt mit subjektivem Empfinden verbunden und niemand konnte erwarten, dass etwas, das für den einen schön war, zwangsläufig von allen als schön empfunden wurde.

Selbst wenn zwei Menschen ein und dasselbe Ding als schön bezeichneten, waren Intensität und Ausmaß unter Umständen noch lange nicht vergleichbar.

Wie gut, dass es Begriffe gab, an denen nicht zu rütteln war. Exakte Definitionen, die häufig den Naturwissenschaften zu verdanken waren. Physikalische Größen, die vermeintlich unzweifelhaft feststanden!

Aber war das wirklich so?

Willkürlich begann er solche Worte zu überdenken.

Meinte und verstand jeder dasselbe, wenn das Wort „gelb" fiel?

Physikalisch handelte es sich um Strahlen in einem fest definierten Wellenlängenbereich, optisch wahrzunehmen und mit geeigneten Methoden sicher verifizierbar.

Gelb ist gelb, ein Gegenstand, der Licht in einer eindeutigen Art und Weise reflektierte und absorbierte, so dass nur der gelbe Bestandteil des Spektrums übrig blieb.

Schön und gut, doch würde sich deshalb ein Mensch, der Zeit seines Lebens in vollkommener Dunkelheit leben musste, das gleiche unter einer gelben Sonne oder einem dottergelben Auto vorstellen wie ein Sehender? Wohl kaum!

Und für manchen, der mit Farbblindheit zu kämpfen hatte, ist gelb eben nicht gelb, sondern vielleicht grün.

Da musste es doch etwas geben. Etwas Einfaches, für jeden gleichbedeutend. Eine Sache aus dem täglichen Leben. Beispielsweise ein Stuhl - ein Stuhl war eine Sitzgelegenheit.

Es mochte diverse Abarten geben, aber es war und blieb ein Stuhl. Doch wenn ein Internist von dem Stuhl redete, meinte er vielleicht nicht doch das üblicherweise feste Endprodukt des Verdauungsprozesses?

Er gab insgeheim selber zu, dass dies doch sehr weit hergeholt war. Doch andererseits hätte er die Liste der abschreckenden Beispiele ohne große Mühe beliebig weit fortsetzen können.

Aber wie konnte dann, so fragte er sich, bei dieser Unschärfe die Redewendung stimmen, die da lautet „Worte sind mächtiger als ein Schwert."

Wohl wahr, ein falsches Wort an falscher Stelle kann in kaum vorstellbarer Weise verletzen, nicht körperlich, aber nichtsdestotrotz womöglich intensiver, nachhaltiger und einschneidender.

Und dies geschieht sowohl in voller Absicht als auch als Folge eines Missverständnisses. Einer der Fälle, in denen die Worte sich rasch aus der Gewalt ihres Schöpfers lösen und beim Empfänger eine Art Eigenleben entwickeln.

Wenn sich aus einem bewusst oder gedankenlos enthaltenen Kristallisationskeim ein Gedanke, ein Gefühl oder eine Stimmung entwickelt, wie eine Lawine anwächst und nicht mehr aufzuhalten ist.

Wurde nun die Welt auf dem Kopf gestellt? Begannen nun plötzlich die Menschen in der Gewalt der Worte zu stehen?

Nein, das glaubte er nicht!

Worte gebe es ohne den Menschen nicht und Worte ohne Menschen sind weniger als hohle Phrasen. Worte gewinnen erst dann an Wert, wenn sie jemand spricht, hört oder liest. Gewalt können sie dann gewinnen, aber diese Gewalt wird durch den Verursacher bzw. den Empfänger, also den Menschen, erzeugt, nicht durch die Worte selbst.

Es stimmt - manchmal wären das Leben und insbesondere das Miteinander ohne Worte leichter und schöner. Aber eine immerwährende Abwesenheit von Worten wäre schrecklich.

Die Worte begannen sich in seinem Kopfe zu drehen, zu komplexen Gebilden zusammenzufügen, wieder auseinanderzufallen, ihren angestammten Sinn zu verlieren, neue nicht nachvollziehbare Bedeutungen zu gewinnen.

Langsam drohten sie, seinen Kopf zu sprengen.

Er zwang sich, seine Konzentration auf eine vorübergehende Wortlosigkeit zu lenken, seine Gedanken zu ordnen, Raum zu schaffen.

Seine Anstrengungen waren von Erfolg gekrönt und zugleich glaubte er, mit dem, das den Raum des Wortgewirrs eingenommen hatte, das beredte Wort schlechthin entdeckt zu haben.

Das Wort, das trotz aller Interpretationsmöglichkeiten letztendlich eindeutig war.

Ein Wort, zugleich gehaltvoll und nichtssagend, variabel und starr, bedeutungsschwer und hohl, präzise und ungenau, konkret und diffus, aber eben doch unmissverständlich......

Nichts.

Nichts

Nichts umgab ihn.

Es war nicht das Alleinsein in einer Wüste oder auf einem Ozean. Beides kann als öde, einsam, verlassen, monoton bezeichnet werden, aber gewiss keineswegs als Nichts.

Es war auch nicht wie das Aufwachen in einem unmöblierten, kahlen Zimmer.

Es war das vollkommene, absolute Nichts.

Er kam nach und nach zu sich, die Augen geschlossen, auf das volle Bewusstsein wartend.

Noch wusste er nichts davon, dass er sich im Nichts befand.

Er glaubte auf dem Rücken zu liegen, aber es war ihm unmöglich, das, worauf er da lag, zu beschreiben. Er war weder kalt noch warm, weder hart noch weich.

Instinktiv nahm er seine Hände zur Hilfe, um nach dem Untergrund zu tasten. Das Ergebnis war irritierend.

Er fühlte nichts. Je mehr er sich konzentrierte, desto bewusster wurde ihm der Umstand, dass zwischen dem vermeintlichen Untergrund und dem darüber liegenden kein Übergang und keinerlei Unterschied zu existieren schienen.

Nahezu im selben Moment realisierte er die vollkommene Stille, kein Rauschen, kein Brummen oder sonstige unidentifizierbare Nebengeräusche und erst recht nichts Bekanntes wie Vogelzwitschern, Motorenlärm oder Stimmen.

Er spürte eine nie gekannte Irritation in sich aufsteigen.

Erst nachdem er die Unruhe und wirren Gedanken beiseitegeschoben und tief Luft geholt hatte, traute er sich, die Augen zu öffnen.

Er sah –

– nichts –

keine Gegenstände, keine Schatten, keine Umrisse, keine Farben.

Nichts, dass er irgendwie hätte in Worte fassen können.

Instinktiv schloss er die Augen, um sie nach kurzem Zögern erneut zu öffnen.

Nichts.

Wirre Gedanken schossen ihm durch den Kopf.

Was war geschehen? War er aus einem ihm völlig rätselhaften Grund gleichzeitig erblindet, gehörlos und empfindungslos geworden?

Konnte sich so etwas überhaupt zutragen?

War er ein Opfer des Wahnsinns geworden?

In einer Mischung aus Verzweiflung und Wut, wünschte er sich nichts mehr als sich mit einem unbändigen Schrei, Luft zu verschaffen.

Er öffnete den Mund und schrie.

Und der Raum füllte sich mit dem Schrei, dumpf, wie im dichten Nebel, jeden Laut sofort dämpfend und verfälschend, aber dennoch hörbar.

Zu Verzweiflung, Wut und unvermindert steigendem Unverständnis gesellte sich etwas Hoffnung.

Er schloss die Augen erneut, bedeckte sie mit seinen Händen, um sich ganz auf den langsam im Nichts verschwindenden Ton zu konzentrieren, hoffend aus der Gewissheit Kraft zu schöpfen, nicht vollends alle Sinne und somit sämtliche Tore zur Außenwelt verloren zu haben.

Je mehr der Schall abflaute, desto mehr verebbte auch wieder die Zuversicht.

In gleichem Maße wuchs in ihm der Wunsch, festen Boden unter sich zu spüren, Halt zu haben.

In dem Moment als ihn dieser Wunsch durchströmte, nahm er die Hände von den Augen und ließ sie links und rechts neben sich fallen.

Er hörte – wie sie mit einem dumpfen Geräusch auf dem Boden landeten.

Er fühlte – wie sie einen rauen, unbehandelten Untergrund berührten.

Er glaubte, nie etwas Schöneres empfunden zu haben.

Das Gefühl der Erleichterung nicht mehr im konturlosen Nichts zu schweben, schwappte über und unbewusst wünschte er sich statt auf dem undefinierbaren schroffen Untergrund auf einer weichen duftenden Frühlingswiese zu liegen.

Den Wunsch kaum zu Ende gesponnen, verspürte er ein erfrischendes weiches Kribbeln unter sich.

Das Erblicken des frischen Grüns, das Ertasten der kraftvollen feuchten Vegetation und ein völliges Nichtverstehen geschahen zeitgleich.

Er versuchte erst gar nicht, nach einer Erklärung zu suchen, sondern genoss den Augenblick.

In einem Anflug von nahezu ekstatischer Euphorie schwirrten tief verborgene Erinnerungen durch seinen Kopf, bestehend aus all den Dingen, die er irgendwann untrennbar mit einer Frühlingswiese assoziiert hatte.

Schon zog ein Schmetterling um ihn herum seine scheinbar unkoordinierten, planlosen, gutgelaunten Bahnen und das Summen von Bienen, Fliegen und Mücken erfüllte seine Ohren.

Die längst vergessene Mischung aus Düften von diversen Blumen und Gräsern, deren Namen er nie gewusst oder aber vergessen hatte, erweckte seinen Geruchssinn.

Dies alles schenkte ihm zum ersten Mal nach seinem Erwachen ein Stück Sicherheit, er setzte sich auf und traute sich, seine Umgebung intensiv in Augenschein zu nehmen.

In seiner direkten Nähe bestand der Untergrund aus der vertrauten Wiese, aber bereits nach wenigen Metern verlor sich diese in ein diffuses milchiges Grün, das sich in größerer Entfernung in das undurchdringliche Nichts verlor.

Ein Eindruck, der schlagartig Euphorie und Sicherheit ersterben ließ. Desillusioniert ließ er sich wieder auf den Rücken fallen und schloss die Augen.

Dies war nicht die Welt seiner Erinnerung, dies war ganz und gar keine Welt, die ihm in irgendeiner Weise bekannt vorkam. Aber mehr und mehr wuchs in ihm die Annahme, allein durch Phantasie eine ihm genehme Welt daraus generieren zu können.

Ein weiterer Versuch sollte Gewissheit schaffen.

Er stellte sich einen blauen Himmel vor in einem Blau, wie man es üblicherweise nur auf Ansichtskarten von Urlaubszielen findet. Und oben im Zenit die pralle Sonne, wohlig warme Strahlen aussendend. Hier und da sollten sich reinweiße Schäfchenwolken schwerelos von einer frischen Brise treiben lassen. Scheinbar samtweiche Wolken, in die man hinein versinken möchte, um an der Schwerelosigkeit Anteil zu haben. Wolken, die nicht beängstigen, wie es heraufziehende dunkelgraue Gewitterwolken manchmal tun, die aber doch das Gefühl vermitteln, bei Bedarf genügend erfrischenden Regen bereitzuhalten.

Er wagte einen Blick und konnte sehen wie gerade ein kleines luftiges Wölkchen an der Sonne vorbei schwebte.

Doch so schön der Himmel sich auch darstellte, es fehlte ringsum ein klarer, verheißungsvoller Horizont. So wünschte er sich in der einen Himmelsrichtung in der Ferne einen mächtigen Gebirgszug mit majestätischen schneebedeckten Bergen, die die Wolken zu berühren schienen. Der rechte Ausläufer der Bergkette war mit einem immer dichter werdenden Wald bedeckt, der sich über viele Kilometer hinzog und danach in eine Dünenlandschaft überging.

Dem Gebirge gegenüber hinter den Dünen sollte sich ein Meer befinden. Es war nicht sichtbar, doch ein erfrischender Lufthauch mischte den typischen Salzgeschmack unter den Duft der Frühlingswiese und fernab dahingleitende Möwen ließen einen Ozean erahnen.

Zwischen dem linken Rand des Gebirges wiederum und der Dünenlandschaft zogen sich unzählige Felder und Wiesen hin, die im Hintergrund von schemenhaften Gebäuden begrenzt wurden.

Mit sich zufrieden ließ er den Blick umherschweifen.

Mit dieser Zufriedenheit wuchs auch eine Erkenntnis....

Die Erkenntnis, dass die Welt, ...seine Welt nur für ihn existent und von ihm geschaffen war, dass er allein für sich und das was ihn ausmacht verantwortlich ist.

Damit war das Nichts gefüllt, alles andere würde sich entwickeln.

Jedoch war das Nichts niemals so restlos gefüllt, dass nicht etwas Raum blieb.

Nicht viel, aber genügend...

....Raum - für einen Gedanken.

Der Gedanke

Der Gedanke war neu. Er war nicht immerzu da. Plötzlich aber schwirrte er im Kopf herum.

Ganz klein und unscheinbar, einer von unzählig vielen, die unter den großen wichtigen kaum ins Gewicht fallen.

Wer weiß, wie er da hingekommen war?

Vielleicht war er aus einer zufällig freigelegten Erinnerung geboren worden. Ein hängen gebliebener Bestandteil eines Films, den man gesehen, eines Buches, das man gelesen oder eines Musikstückes, das man gehört hatte.

Vielleicht stellte er nichts anderes dar als das Ergebnis eines Kurzschlusses oder verirrten Impulses innerhalb einer Synapse.

Oder vielleicht entstand er auch nur als Resultat eines psychotischen Anflugs hervorgerufen durch Alkohol, Nikotin, andere Drogen, Gifte oder den ganz normalen Wahnsinn.

Das zu klären, gehörte zu den unmöglichen Vorhaben dieser Welt.

Wie auch immer, plötzlich existierte er, irrte manchmal hilflos und unbedeutend durch abseits gelegene Hirnwindungen und störte nicht weiter.

Doch in ihm schlummerte eine herausragende Eigenschaft, die ihn von anderen kleinen Gedanken unterschied. Er schien eine gewisse Hartnäckigkeit in sich zu tragen.

So tauchte er anfangs irgendwann einmal auf, unvermittelt, durchaus störend, obgleich in seinen jungen Tagen noch leicht zu unterdrücken.

Mit der Zeit begann er Kreise zu ziehen – wie ein kleiner Kieselstein, der ins Wasser fällt und dort konzentrische Wellen erzeugt, nur sichtbar, wenn die Wasseroberfläche ansonsten glatt ist. Die Kreise waren aber nicht stark genug, um sich gegen andere Wellen durchzusetzen und verschwanden - selbst von anderen unbeeinträchtigt - schnell wieder im Nichts.

Er bewegte sich fort –wie ein Fahranfänger in einem kleinen alten klapprigen Gefährt. Unsicher und verschüchtert, penibel genau auf die Einhaltung der erlernten Regeln achtend. Um zu vermeiden, unberechtiger- und irrtümlicherweise jemandem in die Quere zu kommen und somit seine soeben gewonnene Selbstständigkeit sogleich wieder zu verlieren, nutze er nur verlassene, unbedeutende Wege.

Der Gedanke verbreitete sich – wie ein zartes Lüftchen, eine Brise, kaum nennenswert. Spürbar nur, wenn man sich intensiv darauf konzentriert –kaum in der Lage, feinste Härchen zu veranlassen, zu flimmern, geschweige denn größere Dinge zu bewegen.

Nach und nach wuchs der Gedanke, gewann an Gewicht und Intensität.

Die Wellen, die er schlug, wuchsen mit ihm. Wellentäler und Wellenberge begannen ihren Namen zu verdienen. Die Ausbreitung der Wellen nahm beachtliche Ausmaße an. Auch weiterhin wurden sie beeinflusst von anderen. Aber der Gedanke ließ sich nicht mehr so leicht von anderen verdrängen. Er bildete Interferenzen mit ihnen. Und der Anteil dieses einen Gedanken gewann mehr und mehr an Oberhand.

Seine Bahnen uferten aus. Er kümmerte sich nicht mehr um vorgesehene Pfade. Es gab kein Gelände, in welchem er nicht weiterkam.

Gängige Regeln waren veraltet, die neuen Regeln waren seine eigenen. Alles was ihm im Wege stand wurde beiseite geräumt, ausmanövriert, verdrängt.

Die Brise war zum Sturm geworden. Jeder andere Gedanke wurde von ihm mitgerissen. Manch einer konnte sich womöglich hinter Barrikaden verbergen und gewisse Zeit bestehen, aber sobald er den Schutzwall verließ, fiel er dem einen Gedanken zum Opfer.

Kleine nichtige Gedanken wurden von dem einen nicht beachtet. Aber auch sie konnten nicht überdauern, eben weil sie klein und nichtig waren.

Der Gedanke schluckte schlussendlich immer mehr.

Er verschlang andere Gedanken, die Ursache des Gedankens, den Denkenden.

Bis nur noch der Gedanke übrig blieb.

Gewaltig - aber doch weniger als ein Sandkorn.

Das Sandkorn

Es war einmal ein Sandkorn.

Wer weiß, ob es ein besonderes Sandkorn war oder ein ganz gewöhnliches?

Wer weiß, wie es entstanden war und wo es herkam?

War es eines der vielen, die unter der zeitlosen Kraft der Erosion von Wind, Wasser und Frost aus einem einst mächtigen Gesteinsmassiv herausgelöst wurden?

Kam es aus den Tiefen des Untergrundes?

Wurde es vielleicht empor geschleudert bei der Eruption eines Vulkans?

Oder hatte es sich langsam durch die Urkräfte des Erdmantels hochgearbeitet, die die Landmassen gegeneinander stießen und dabei die eine in die Tiefe drückte und aus der anderen ein Gebirge formte?

Kam es gar aus den unendlichen Weiten des Weltalls als Passagier eines Kometen, der auf der Erde sein Reiseziel gefunden hatte?

Niemand wusste es, niemand hätte es sagen können und eigentlich interessierte es auch niemanden.

Wie auch immer das Sandkorn also hierhergekommen war, hier war es nun mal, inmitten einer riesigen Wüste.

Das Sandkorn wurde gemeinsam mit unzähligen anderen durch einen kräftigen Wind eine mächtige Düne herauf befördert und rutschte ab und an unter Einfluss der Schwerkraft auch wieder herunter.

Ein stetes Auf und Ab. Doch es gab keine Eile und wie vieles erreichbar ist, wenn man nur eine ausreichende Portion Geduld mitbringt, erklomm nach unbestimmter Zeit das Sandkorn die Höhe.

Als das Sandkorn die höchste Stelle erreicht hatte, verstärkte sich der Wind zu einem Sandsturm und verdunkelte die Sonne. Schon nach kurzer Zeit fegte der Sturm heran, erfasste das Sandkorn und hob es empor.

In einem irrwitzigen Tempo wurde das Sandkorn hoch geschleudert, immer weiter, bis es kaum mehr als einzelnes Korn erkennbar war und mit den anderen Sandkörnern und dem Himmel zu verschmelzen schien.

Höher und höher ging es hinauf, bis die Aufwärtsbewegung durch einen kräftigen Südweststrom ersetzt wurde, der das Sandkorn erfasste und weit mit sich trug, dem Horizont entgegen.

Irgendwann ließ die Windgeschwindigkeit langsam nach und das Sandkorn begann an Höhe zu verlieren. Deutlich hoben sich große Kakteen vom Wüstensand ab, der mehr und mehr von grünlichen Flächen mit spärlichen Grashalmen und Disteln abgelöst wurde.

In weiter Ferne konnte man ein blaues Band ausmachen, das sich in gewundenen Linien durch die Landschaft schlängelte.

Schon bald reichte die Kraft des Windes nicht mehr aus, um das Sandkorn mit sich zu tragen. Es fiel herab und landete genau auf dem Kopf eines Kaktus.

Die Nacht brach herein, die Temperaturen sanken und der helle Mondschein ließ das Sandkorn glitzern.

Als der Morgen anbrach hatte sich Tau überall niedergelassen und auch den Kaktus samt Sandkorn mit unzähligen Wassertropfen benässt, die die ersten Sonnenstrahlen wie ein Prisma brechen ließen.

Durch die Nässe schwer geworden, thronte das Sandkorn oben auf der Stachelpflanze scheinbar unverrückbar. Aber die Sonne leistete ganze Arbeit und schon bald war das Sandkorn so trocken wie eh und je.

Es dauerte nicht lange und ein Windstoß erfasste das Sandkorn, fegte es vom Kaktus und weiter ging die Reise.

Manchmal unterbrochen, wenn der Wind eine Pause einlegte oder ein Hindernis das Sandkorn festhielt, manchmal schneller, manchmal ganz gemächlich.

Tage und Nächte kamen und gingen. Die Wüste hatte längst einer blühenden, grünen Landschaft Platz gemacht, in dem Büsche, Bäume und sogar vereinzelt kleine Rinnsale zu entdecken waren.

Eines Tages dann wollte es der Zufall, dass eine kurze Luftfahrt des Sandkorns genau in einem der Bäche endete. Und auch hier in der ungewohnten Umgebung gab es einen steten Wandel.

Zuweilen fiel das Wasser der Hitze zum Opfer und der Bach versiegte. Dann war es fast so wie in den vergangenen Tagen in der Wüste, nur dass das Sandkorn nicht nur eines von vielen anderen war, sondern auch von den Übrigbleibseln der Flora und Fauna des Baches umringt wurde.

Dann gab es auch Tage, an denen ein plötzlicher Wolkenbruch den Bach abrupt ansteigen ließ und die reißende Strömung das Sandkorn in irrer Fahrt mit sich riss.

Mit der Zeit vereinigte sich der Bach mit anderen Rinnsalen, wurde breiter und floss schließlich in das große blaue Band, das schon vor langer Zeit aus großer Höhe über dem Wüstenrand auszumachen gewesen war.

Die Reise ging weiter.

Mal schneller, wenn sich das Sandkorn in der schneller fließenden Flussmitte befand.

Mal stockend oder träge, wenn es am Ufer strandete. Mal unversehens über den Umweg durch einen Fisch, der das Sandkorn versehentlich bei der Nahrungsaufnahme verschluckt hatte.

Unzählige Tage und Monate zogen ins Land. Jahreszeiten kamen und gingen.

Irgendwann trat der Strom über fest vorgegebene Grenzen, verlor sich in ein wirres Delta und verschwand schließlich im Ozean.

Das Sandkorn verlor sich in der Meerestiefe, wurde durch Strömungen und Stürme hierhin und dahin getragen, an Strände geschwemmt und wieder zurückgerissen.

Eines Sommers dann als das Meer Wellen und Gischt träge an die Küste branden ließ, wurde das Sandkorn wieder einmal ins Trockene befördert.

Die Ebbe setze ein und ließ das Sandkorn am Strand zurück. Genau dort, wo ein kleines Mädchen gedankenverloren mit Förmchen, Schaufel und Eimer im feuchten Sand spielte.

Sandkuchen, Tiere und Phantasiegebilde entstanden und wurden wieder zerstört.

Die Sonne begann bereits, sich langsam dem Horizont zu nähern, als das Kind mit kleinen Händchen eine wunderschöne Sandburg baute, mit zwei fähnchenbestückten Türmen und einem breiten Wassergraben.

Und so begab es sich, dass ein Sandkorn aus der Wüste nach einem langen, unvorhersehbaren Weg Teil eines Traumschlosses wurde.

Traumschloss

Ein kühler Herbstwind wiegte die Baumwipfel im Takt und trieb feuchte Nebelschwaden vor sich her. Die von dichten Wolken verhüllte Sonne stand im Begriff langsam hinter den Hügeln zu versinken.

Vor ihm lag es nun – sein Traumschloss. Zumindest schien es ihm so, als er unvermittelt davor stand.
Bestückt mit zwei Türmen erhob sich das scheinbar kreisrunde mächtige Mauerwerk steil in die Höhe, umringt von einem breiten Burggraben. Ohne die heruntergelassene Zugbrücke wäre es wohl unmöglich gewesen, ins Innere zu gelangen.

Etwas zögernd schritt er über die knarrende, vom Nebel feuchtrutschige Holzbrücke und gelangte an das riesige Eingangstor. Aus tiefdunkelbraunem Eichenholz überragte ihn die oben gerundete Tür fast um das Doppelte.
Er klopfte und wartete. Nachdem er mehrmals den schweren Eisenring gegen das Holz fallen gelassen hatte, ohne dass sich etwas tat, drückte er die massige Messingklinke, die sich fast in Augenhöhe befand.

Die Tür war unverschlossen, aber verzogen und offensichtlich längere Zeit nicht benutzt worden. Er musste viel Kraft aufwenden, um die Tür so weit zu öffnen, damit er hindurch schlüpfen konnte.

Eine große Eingangshalle lag vor ihm. Er schaute sich um und entdeckte drei weitere Türen, die von der Halle abzweigten - rechts, links und auf der gegenüberliegenden Seite.

Die fensterlose Halle selbst war unzureichend durch einige Kronleuchter erhellt, die hoch oben an der Decke befestigt, verschmutzt und teilweise beschädigt waren.

Der Raum hatte eine ungewöhnliche Form, die Seitenwände liefen in seine Blickrichtung leicht aufeinander zu und die anderen beiden Wände waren deutlich zur Zugbrücke hin nach außen gewölbt. Rundherum waren schwere, mittlerweile verstaubte Tapeten angebracht, deren ursprüngliche Farbgebung kaum mehr zu erkennen war.

Die Halle war leer, bis auf eine Vielzahl von Portraitmalereien, die im gleichmäßigen Abstand überall zwischen den Türen hingen. Auch sie waren längst verblichen, aber die größtenteils grimmig dreinblickenden Gesichter weiterhin gut auszumachen. Vermutlich waren dort die vielen Generationen des Geschlechts verewigt, in dessen Besitz sich die Festung einst befand und vielleicht noch immer befindet, dachte sich der Gast.

Zugleich wunderte er sich über eine verblüffende Ähnlichkeit all derer mit sich selbst.

Nach einigem Zaudern entschloss er sich nachzuschauen, was sich wohl hinter der Tür ihm gegenüber befinden möge. Die steinernen Fliesen hallten unter seinen Schritten wider als er das Foyer durchquerte.

Wie es sich herausstellte, führte die Tür zu einem mit Gras überwucherten Innenhof, in dessen Mitte sich ein verfallener Brunnen befand. Darüber baumelte an einer Seilwinde ein löchriger Eimer.

Mehrere geschlossene Türen gingen vom Innenhof ab.

Keine von ihnen sah sehr einladend aus. Daher und aus Sorge, die Orientierung zu verlieren, machte der Gast kehrt und betrat erneut die Eingangshalle.

Er war entschlossen, den Palast zu erkunden, wollte sich aber nicht zu weit von den Außenmauern entfernen. Er wendete sich nach links und begab sich zur nächsten Tür.

Das Erste, was ihm in dem Zimmer dahinter ins Auge fiel, war ein Mann, der vor einer offenbar üppig bestückten Bar stand, ihm den Rücken zugekehrt. Er war von großer, schlanker Gestalt und in leicht gebeugter Haltung damit beschäftigt, ein Glas mit einer klaren Flüssigkeit zu füllen.
Der Gast zuckte zusammen.
Da ihm auf sein Klopfen niemand geöffnet hatte und er während der gesamten Zeit seiner Anwesenheit nicht ein Geräusch gehört hatte, war er davon ausgegangen, niemanden anzutreffen.
Noch mehr aber überraschte ihn die Tatsache, dass der Mann ihn unversehens fragte, ob er ebenfalls etwas trinken möchte, so als ob er mit seinem Erscheinen gerechnet hätte.

Jetzt fiel dem Ankömmling auf, wie warm es in diesem Zimmer war. Es schien sich um eine Art Salon zu handeln mit einem Fenster an der Außenwand, welches aber fest verschlossen war. Ein dicker Teppich, wuchtige Clubsessel und ein Sofa füllten den Raum mit einer modrigen abgestandenen Luft.
Dankend nahm er das Angebot an.

Der Hausherr goss das gewünschte Wasser in ein Glas und drehte sich erst anschließend langsam um. Mit herablassendem Blick und einem hämischen Lächeln ging er langsam auf den Gast zu. Dieser streckte seine Hand aus, um das Getränk entgegenzunehmen. Doch kurz bevor er zugreifen konnte, stieß der Gastgeber ein höhnisches Gelächter aus und ließ das Glas fallen. Es fiel mit dumpfem Knall auf den Boden, zersprang in tausend Stücke und das Wasser ergoss sich über den Teppich, wo es spurlos versickerte.

Mit einer hochgezogenen Augenbraue und zynischem Unterton zischte der Gastgeber: „Tut mir schrecklich leid, aber es wird Zeit", deutete mit einem Kopfnicken auf die jenseits liegende Tür und verschwand.

Völlig verunsichert ging der Angesprochene auf diese zu und öffnete sie zögernd.

Der Raum war über und über mit Uhren bestückt. Es schien auf den ersten Blick der Hobbyraum eines Uhrensammlers zu sein.

Hunderte von Uhren der verschiedensten Formen und Macharten - herkömmliche, exotische, geschmackvolle und außerordentlich hässliche.

Aber irgendetwas stimmte nicht - ganz und gar nicht. Irgendwo begann eine der Uhren die volle Stunde zu schlagen. Kurz darauf krächzte eine Kuckucksuhr dreimal. Eine Big Ben – Imitation kündigte vom Anbruch einer halben Stunde…

Die Uhren zeigten unterschiedliche Zeiten an!

Es gab nicht zwei unter all den Zeitmessern, die synchron liefen. Einige darunter sprangen willkürlich gleich um größere Zeitspannen, um anschließend für unbestimmte Dauer stehen zu bleiben. Eine lief scheinbar rückwärts…

Dies alles war unter obskuren Lichtverhältnissen zu beobachten, deren Quelle dem Gast plötzlich bewusst wurde. Der Raum war an allen vier Wänden mit einer Vielzahl an Fenstern ausgestattet, selbst an der Wand zu dem Zimmer, aus dem er soeben gekommen war und in dem es definitiv kein Fenster an der Zwischenwand gegeben hatte - dessen war er sich sicher.

Und aus jedem Fenster konnte er nach draußen sehen!

Doch während ihm aus dem einen Fenster kräftige Sonnenstrahlen entgegen schienen, blitzen hier die Sterne vom wolkenlosen Nachthimmel und dort waren in dichtem Nebel nur die Umrisse der Bäume zu erahnen.

Bei einem Blick aus einem anderen Fenster konnte man sich am frischen Grün der soeben im Frühling erwachten Natur erfreuen, während direkt daneben eine tief verschneite Winterlandschaft zu sehen war. Und wieder nur wenige Meter entfernt waren hinter dem Fenster Bäume zu sehen, die ihre braunen Herbstblätter schon fast vollständig verloren hatten.

Die Ankündigung des Gastgebers aus dem Salon schien in diesem Zimmer der Zeit eine unvorstellbare Bedeutung gefunden zu haben.

Selbst mit noch so wachem und ausgeprägtem Verstand hätte niemand in dieser Kammer länger verweilen können, ohne selbigen zu verlieren.

So schnell er konnte rannte der Verwirrte zur nächsten Tür und riss sie auf.

Warme sonnige Luft, feiner umher wehender Sand und der salzige Geschmack des Meeres kamen ihm entgegen.

Er traute seinen Augen nicht.

Vor ihm erstreckte sich ein weiter, fast weißer Sandstrand. Mit farbenprächtigen Muscheln übersät fiel der Strand langsam ab zum grünblauen Ozean, welcher eine schneeweiße Brandung an die Küste warf.

Vereinzelte Palmen boten Schatten, wenn man der warmen karibischen Sommersonne mal entgehen wollte.

Ein Bild - wie von einer geschönten Ansichtskarte oder einem Urlaubskatalog entnommen.

Der Strand war menschenleer und nur das Rauschen der Wellen und die Rufe der Meeresvögel waren zu hören.

In etwas größerer Entfernung befand sich eine Ansammlung mehrerer Palmen, die kreuz und quer wachsend wie ein Pavillondach eine größere Fläche überspannten. Dort konnte er eine schlanke Frau mit langen dunklen Haaren ausmachen.

Genau in diesem Augenblick fiel ihm schlagartig ein, wieso ihm diese Szenerie von Anfang an so bekannt vorkam. Vor langer

Zeit war er mit ebendieser Frau zusammen und sehr oft hatten sie sich gemeinsam ausgemalt, wie ihr Urlaub aussehen würde, falls irgendwann das notwendige Geld vorhanden sein sollte.

Als er einen Schritt in den Sand machte und sich in Richtung Palmenhain begeben wollte, änderte sich die Idylle schlagartig.

Die Sicht wurde unscharf, so als ob jemand das Objektiv einer Kamera verstellte.

Zugleich begann der Untergrund zu schwanken und die gesamte Umgebung in unerklärlicher Weise zu schrumpfen. Am Rand wurde ein undefinierbares Grau sichtbar.

Je weiter er ging, desto mehr setzte sich dieser Prozess fort.

Der Besucher verlor allmählich den Kontakt zum Sand und stand stattdessen auf einem diffusen grauen Etwas.

Das Bild entfernte sich immer weiter von ihm und schien wie auf einem dünnen beigefarbenen Areal zu ruhen, umgeben von diesem trostlosen Grau. Das Areal stellte sich alsbald als die Handfläche des Hausherrn heraus, der sich dem Gast näherte, immer deutlicher erkennbar. Währenddessen hatte sich die Urlaubsphantasie zu einem wabernden Hologramm reduziert.

Verzweifelt, dem Wahnsinn nah, rief der Gast: „Was wollen Sie von mir?", „Warum tun Sie das?", „Und woher kennen Sie überhaupt diesen Strand und dieses Mädchen?".

Sein Widersacher ließ ein diabolisches Lachen hören und fragte: „Warum sollte ich meine Wunschbilder vergessen haben?"

In diesem Moment verschwand die Strandidylle mit einem implodierenden Geräusch vollständig von der Handfläche - und kurz darauf alles Übrige.

Zurück blieb allein eine freistehende Tür.

Es blieb keine Alternative, als die Türe zu öffnen.

Vollendete Schwärze empfing ihn.

Er trat einen Schritt über die Schwelle und ....
stürzte ins Bodenlose.

Einen stummen Schrei auf den Lippen verspürte er einen starken
Luftzug auf seiner Haut. Wo immer er aufkommen würde, die-
sen Fall würde er nicht überleben, so dachte er.
Doch mit einem kleinen Plumps endete der Absturz.
Der Luftzug blieb.
Als er zaghaft die Augen öffnete, realisierte er, dass der Lande-
platz nichts anderes war als die oberste Plattform von einem der
Türme. Zwischen den Zinnen der Turmmauern blies ihm der
nächtliche Herbstwind ins Gesicht.
Vorsichtig blickte er zwischen den Zinnen hinunter. Hier gab es
keinen Weg herunter. Es blieb nur die Falltür in der Bodenmitte.
Darunter konnte man die Überreste einer Leiter erkennen, aber
an eine Benutzung war nicht zu denken. Nur ein Seil baumelte
ins Ungewisse. Der Gast war gezwungen sich daran herunter-
zuhangeln, wobei er mit Spinnengewebe und deren Erzeugern,
Fledermäusen und diversen anderen Kreaturen zu kämpfen hat-
te, die er in der Finsternis nicht identifizieren konnte. Oftmals
drohte ihm seine Kraft auszugehen und er schlang das Seil um
Arme und Beine, um ein wenig ausruhen zu können. So gelang
es ihm schließlich doch, von aufgeschürften Händen abgesehen,
unversehrt am Boden anzukommen. Über ihm der aus der Tiefe
noch bedrohlicher wirkende Turm, um ihm herum das nackte
Mauerwerk mit einer einsamen Tür. Er öffnete sie und betrat
einen spärlich beleuchteten Raum.

Der Hausherr drehte sich zu ihm um und sagte: „Na, da bist du
ja endlich, ich habe schon gewartet. Du bist am Ende des Weges
angekommen."

Er stand vor einem Tisch, der mit einer Vielzahl an Waffen aus
allen Epochen beladen war. Nachdem diese Worte gefallen wa-

ren, schlug hinter dem Gast die Tür zu. Dieser rüttelte mit aller Gewalt am Türgriff, aber der Weg war versperrt.

Als er sich wieder umdrehte, hatte sein Gegenüber zwischenzeitlich eine mittelalterliche schwere Armbrust in der Hand und einen Köcher um die Schulter.

Beide trugen die gleiche Kleidung, die Haare standen beiden in gleicher Weise zu Berge. Beiden rann Schweiß die Stirn hinab, durch das Gesicht und fiel zu Boden.
Beide starrten sich mit blutunterlaufenen Augen an.
Spiegelbildlich.

Aber ein Spiegelbild war bewaffnet.
Das andere war unfähig, die Hand zu heben, um den brennenden Schweiß aus den Augen zu wischen.
Aber auch die sporadische Blindheit bewahrte ihn nicht davor, das Unglück auf sich zukommen zu sehen.
Näher und näher…

Langsam hob sein Gegenüber mit den kalten, irren Augen die trotz deutlichem Rost noch unvermindert todbringende Armbrust.
Er nahm einen der blutverschmierten Pfeile aus seinem Köcher, spannte ihn ein und zielte mit teuflischem Lächeln auf das Herz des Besuchers.

Dieser konnte mit tränenden Augen sehen, wie sich der Finger seines Ebenbildes um den Auslöser spannte und diesen langsam zurück drückte.
Es knackte…
In schnellen abgehackten Bildern sah der Gast sein Leben vorbeirasen.

Sein Leben, das nun auf diese grässliche Weise enden sollte…

Es knackte erneut....und etwas später ein drittes Mal.

Er schloss die Augen, bereite sich auf sein Ende vor und glaubte bereits das metallische Vorspringen der Feder zu hören, die den Pfeil in seine Eingeweide versenken würde.

Und da hörte er es tatsächlich...

Der Wecker auf der Kommode stimmte an in penetranter Weise zu klingeln.
Ein Alptraum endete...
...ein neuer Tag begann.

Der Tag

Eine mittlere Großstadt an der amerikanischen Ostküste – ein neuer Tag beginnt.

Ein Tag, der für fünf Menschen zum Teil wahrlich gravierende Änderungen mit sich bringen wird.

Es ist Anfang Januar. Die Sonne versteckt sich hinter dichten Wolken, die aber wohl wieder nicht den erhofften Schnee bringen werden.

Wie schon in den letzten Jahren ist auch dieser Winter ein Winter, der den Namen nicht verdient. Die Zeiten mit knöcheltiefem Schnee über Wochen hinweg, von denen die ältere Generation ihren ungläubigen Kindern und Kindeskindern erzählen, scheinen endgültig der Vergangenheit anzugehören.

-

Mike Yard ist ein Mann mit dem gewissen Etwas.

Fit, durchtrainiert, mit gutem Selbstbewusstsein ausgestattet und, abgesehen von Problemen mit Heuschnupfen und einer Allergie gegen Erdbeeren, von allerbester Gesundheit.

Gut, seine Körpergröße entspricht nicht unbedingt dem Gardemaß, aber damit hat er selbst keinerlei Probleme.

In seiner Jugend, als dies noch etwas anders war, hatte er beim Kauf seiner Schuhe auf dickere Sohlen und höhere Absätze geachtet und dies mehr aus Gewohnheit beibehalten.

Dessen ungeachtet aber hat er durch seine männlich-charmante Ausstrahlung, sein gewinnendes Lächeln und seinen muskulösen Körper außergewöhnlich viel Erfolg beim weiblichen Geschlecht.

So war es ihm auch ziemlich schnell gelungen, Ben Cocker, einem Mitglied aus seinem Fitnessclub, dessen Freundin Cindy McDawn auszuspannen.

Diesen beiden hat er es auch zu verdanken, dass heute Morgen sein Aussehen nicht ganz makellos ist, wie ihm der übliche morgendliche Blick in den Spiegel verrät.

Sein linkes Auge schaut ihm in beängstigend geschwollener Weise und grünblau gefärbt entgegen.

Die Geschichte, wie es dazu kam, ist schnell erzählt.

Gestern Abend hatte er sich mit Cindy getroffen, mit der er jetzt einige Wochen zusammen war. Nachdem sie in einem italienischen Restaurant gegessen hatten, waren sie noch auf ein paar Drinks in Mikes Lieblingsclub „42" gefahren. Dummerweise tauchte da auch Ben Cocker auf, der immer noch reichlich sauer auf Mike war.

Ben Cocker war schon ziemlich alkoholisiert und machte die typisch angestrengt staksigen Bewegungen eines Betrunkenen, der seine eingeschränkte Koordinationsfähigkeit zu verbergen sucht.

Dummerweise gehörte Cocker zu der Sorte Mitmensch, der nicht sonderlich intelligent, aber dafür zum einen jähzornig und zum anderen außerordentlich muskulös ist. Zu allem Überfluss verhielt sich Cockers Jähzorn direkt proportional zum Promillegehalt seines Blutes, was ihm schon einige Vorstrafen und Knastaufenthalte eingebrockt hatte.

So dauerte es nicht lange bis ein Wort das andere ergab und alsbald die Fäuste flogen. Mike ging üblicherweise Schlägereien aus dem Weg, aber gestern war jeder Beschwichtigungsversuch zwecklos. Einzig ein überstürztes Feldräumen wäre vielleicht möglich gewesen, aber diese Blöße wollte sich Mike nicht geben. Er wusste zwar, dass Ben stärker war als er, aber in seinem Zustand – es war offensichtlich, dass Ben sich kaum noch gerade auf den Beinen halten konnte – rechnete sich Mike beste Chancen aus. Damit hatte er auch nicht ganz Unrecht, schon bald hatte sich Ben einen Schlag eingefangen, der ihn über den Tisch fallen ließ und in eine Auszeit versetze.

Allerdings war es ihm vorher irgendwie gelungen, Mike das Veilchen zu verpassen.

Der Abend war gelaufen.

Um weiteren Ärger zu vermeiden, hatten Mike und Cindy die Bar verlassen, bevor Ben Gelegenheit fand, sich wieder aufzurappeln.

Die Stimmung befand sich allerdings bei beiden auf dem Nullpunkt.

Ein Kuss und die Abmachung, gemeinsam zu frühstücken, waren alles was folgte.

Danach trennten sich ihre Wege und Mikes ursprünglicher Plan, vor dem Frühstück auch eine gemeinsame Nacht zu verbringen, löste sich in Nichts auf.

Dies im Hinterkopf und das blaue Auge, das Mike im Spiegel entgegen prangt, lassen Mikes Laune nicht gerade Atem raubende Höhen erklimmen.

Mike Yard kann nicht ahnen, dass schon kurze Zeit später diese Probleme für immer Null und nichtig werden sollten.

-

Cindy McDawn schrickt zusammen, wie immer, wenn der Wecker sie aus dem Schlaf reißt.

Sie hat heute zwar ihren freien Tag, wollte aber frühzeitig aufstehen, um pünktlich zum vereinbarten gemeinsamen Frühstück bei ihrem Freund Mike zu erscheinen. Cindy ist frisch verliebt und sie freut sich darauf, Mike wieder zu sehen.

Ein paar Minuten unter der warmen Bettdecke gönnt sie sich noch und lässt die Gedanken zurückschweifen zum gestrigen Rendezvous, das leider so gänzlich anders verlaufen war als geplant.

Sie konnte, objektiv betrachtet, nichts für den verpatzten Abend, aber da die Ursache ihr ehemaliger Freund Ben war, von dem sie sich erst vor kurzem getrennt hatte, plagt sie doch ein wenig das schlechte Gewissen.

Wieder einmal war es Bens verdammte Unbeherrschtheit, die ihre unerwartete Begegnung hatte eskalieren lassen.

Cindy mochte Ben sehr, aber letztendlich war es dieser Jähzorn, der eine Partnerschaft unmöglich machte, insbesondere, wenn Ben betrunken war.

Sie war bereits entschlossen ihre Beziehung zu Ben zu beenden und als sie Mike kennen lernte, war die Entscheidung noch einfacher gewesen.

Das Grübeln bringt doch nichts, denkt Cindy und steht auf - fest entschlossen, sich besonders hübsch zu machen und mit einem ungetrübten Frühstück den gestrigen Tag möglichst schnell zu vergessen.

Eine knappe Stunde später steigt Cindy in ihren alten, aber liebgewonnenen Kleinwagen und fährt durch die verwinkelten Straßen, in denen der morgendliche Berufsverkehr glücklicherweise schon abgeebbt ist.

Wenig später erreicht sie Mikes Appartement und klingelt, nachdem sie ihre Frisur zurechtgezupft hat, an seiner Tür. Die Sekunden verstreichen, aber nichts tut sich.

Cindy wippt etwas unruhig auf ihren Fußspitzen und zwingt sich zur Geduld. Vielleicht schläft er noch oder ist gerade im Bad, denkt sie.

Cindy zögert noch einen Augenblick und läutet dann erneut.

Sie wartet, lauscht an der Tür. Aber es ist kein Ton zu hören.

Als auch ein eindringliches Klopfen keinerlei Wirkung zeigt, entschließt sich Cindy, den Schlüssel zu benutzen, den Mike ihr vor knapp einer Woche gegeben hat.

Mit dem Gedanken, dass Mike wohl noch etwas fürs Frühstück besorgt, kramt sie den Schlüssel aus ihrer Handtasche und öffnet die Tür.

Leise die Tür schließend (...vielleicht schläft er ja doch noch...) betritt sie den Flur und legt ihre Handtasche auf das Garderobenschränkchen.

Die Tür zum Schlafzimmer ist geöffnet. Cindy geht dorthin und späht hinein.

Die Jalousien sind halb hoch gezogen, das Bett ist offensichtlich benutzt worden, aber nun leer und verlassen.

Cindy begibt sich in den Wohnraum, schaltet den CD-Player an und macht es sich bequem.

Auf dem Couchtisch findet sie ein Streichholzpäckchen vom Club 42 und eine Schachtel Zigaretten. Sie bedient sich und lauscht der Musik.

Nachdem sie aufgeraucht hat, kommt ihr die Idee, doch schon mal frischen Kaffee aufzusetzen. Es kann ja nicht mehr lange dauern, bis Mike zurückkommt, denkt sie sich.

Cindy geht Richtung Küche, sieht hinein und stößt entsetzt einen lauten Schrei aus.

Vor der Spüle liegt Mike, nur mit einer Jeans bekleidet, in einer großen Blutlache auf dem Boden – unverkennbar tot.

Zu seinen nackten Füßen befindet sich eine kleine Wasserpfütze und etwas davon entfernt liegt ein halbgeschälter Apfel auf den Fliesen.

Doch dies sieht Cindy nicht mehr. Noch immer schreiend, rennt sie aus der Wohnung, die Treppe hinunter und zur Haustür hinaus.

Völlig kopf- und ziellos läuft sie weiter – über den Gehweg, direkt auf die Straße…

… wo sie erst der Kühlergrill und anschließend das grobprofilige linke Vorderrad eines Lasters abrupt stoppt – endgültig und unwiderruflich.

-

Inspektor Warner sitzt an seinem Schreibtisch und flucht vor sich hin.

Etliche Berichte müssen geschrieben werden, nachdem er zum wiederholten Male angemahnt worden war.

Er liebt seinen Job, wenn nur diese elende Schreibtischarbeit nicht wäre.

Fast flehentlich sieht er zum Telefon und wie auf Kommando beginnt es zu klingeln.

Erleichtert lässt er den Kugelschreiber fallen, greift zum Hörer und lauscht dem Bericht eines ihm unbekannten Streifenpolizisten.

Dieser war zu einem Verkehrsunfall gerufen worden, bei dem eine junge Frau von einem LKW erfasst und noch am Unfallort ihren schweren Verletzungen erlegen war.

Bei Befragung der umstehenden Passanten erfuhr er, dass die Frau Hals über Kopf aus dem nebenstehenden Haus und auf die Straße gelaufen war.

Bei dem Versuch im Haus Informationen über die Personalien der Frau einzuholen, war er auf eine geöffnete Wohnungstür gestoßen, hineingegangen und hatte alsbald eine männliche Leiche entdeckt.

Pflichtbewusst hatte er unverzüglich die Kollegen der Kriminalpolizei benachrichtigt, den Ort des Geschehens verlassen und abgesperrt, immer darauf bedacht, keinerlei Spuren zu vernichten oder gar selbst welche zu hinterlassen.

Als Inspektor Warner den Tatort erreicht, ist die Straße wieder geräumt und vom normalen Autoverkehr erfüllt. Nur ein aufmerksamer Beobachter entdeckt Spuren an der Stelle, an der Cindy McDawn ihr Leben ließ.

An der Eingangstür des benachbarten Hauses steht ein Streifenpolizist. Warner geht auf ihn zu, begrüßt ihn und bedankt sich für dessen gewissenhafte Pflichterfüllung. Es ist der Kollege, der den Vorfall telefonisch an die Kripo weitergegeben hatte.

Er steigt die Treppe empor und betritt die Wohnung, die von einem weiteren Polizisten in Uniform bewacht wird.

In der Küche liegt ein augenscheinlich frisch geduschter Mann zusammengekrümmt vor der Spüle. Eine große Blutlache hat sich zwischen der Leiche und dem Küchenschrank ausgebreitet, eine bräunliche Farbe angenommen und war zum Teil bereits geronnen.

Sein über Jahre geschulter Blick erfasst sofort die Gegebenheiten, die abweichen von den vielen Leichenfunden, die er hat begutachten müssen.

Da ist zum einen die Wasserpfütze zu Füßen des Toten und zum anderen der Apfel einige Meter entfernt.

Nachdem er sich das Bild eingeprägt und der Polizeifotograf alle Einzelheiten aus allen relevanten Perspektiven erfasst hat, lässt er den Leichnam umdrehen. Erst jetzt kann man deutlich das Messer erkennen, das tief in der Brust des Toten steckt.

Abgesehen von einem blauen Auge sind auf dem ersten Blick keine weiteren Verletzungen zu entdecken.

Nachdem die Leiche abtransportiert und etwas Ruhe eingekehrt ist, nimmt Warner die Wohnung genauer in Augenschein.

Nach seiner Information ist die Wohnung von dem Dahingeschiedenen allein bewohnt worden. Dafür sieht sie verdammt aufgeräumt und sauber aus, denkt er sich.

Im Bad liegt das offensichtlich vor kurzem benutzte Badetuch neben der Duschkabine, in der noch immer vereinzelte Wassertropfen die Wände herunter laufen.

Das Schlafzimmer mit dem benutzten Bett ist noch erfüllt von verbrauchter Luft, einige Kleidungsstücke liegen ordentlich auf einem Stuhl.

Im Wohnzimmer sieht der Ermittler die noch eingeschaltete Stereoanlage, eine CD im Abspielgerät, auf dem Tischchen eine Zigarettenkippe im Aschenbecher und daneben ein Streichholzpäckchen mit der Aufschrift „Club 42".

„Mmmh, interessant" ist sein spontaner Gedanke.

-

Mit einem Foto des Toten ausgestattet fährt Warner folgerichtig zum Club 42, nachdem er sich mittels Anruf vergewissert hat, dort auch jemanden anzutreffen.

Ein Gespräch mit dem Geschäftsführer zeichnet schnell ein Bild über den Ablauf des gestrigen Abends und ergibt den Namen des ersten Tatverdächtigen – Ben Cocker.

Ein Telefonat in die Zentrale, die Feststellung des Vorstrafensregisters, die Fahrt eines Streifenwagens zur angegebenen Adresse, die Festnahme des widerspenstigen Cocker – ein Kinderspiel. Wenn doch alle Fälle so verlaufen würden, denkt sich Warner.

-

Das Verhör im Polizeipräsidium verläuft nicht gut für Ben Cocker.

Er bestreitet zwar vehement die Tat und versichert, nach dem Zwischenfall im Club 42 diesen kurz nach Mike und Cindy verlassen zu haben. Anschließend war er in weitere Kneipen gezogen, um seinen Frust zu ertränken. Er kann allerdings nicht mehr sagen, in welche und wie lange. Stattdessen habe er dann einen absoluten Filmriss gehabt, der bis zum Vormittag andauerte. Erst gegen 10:30 Uhr sei er in seiner Wohnung aufgewacht, komplett angezogen, auf dem Teppich in der Diele und von einem mordsmäßigen Kater gequält.

Ein klassisches Motiv und ein Alibi, das keines ist – kein Wunder, dass ihn die Beamten mehr und mehr unter Druck setzen.

Es fällt ihm immer schwerer, seinen Jähzorn im Zaum zu halten. Er beginnt zu toben und um sich zu schlagen. Drei Polizisten sind nötig, ihn zu überwältigen und in die Zelle zu führen.

Noch am gleichen Nachmittag werden die gesammelten Indizien der Staatsanwaltschaft übermittelt und ein Haftbefehl beantragt. Es dauert nicht lange bis auch die Anklageschrift vorliegt.

-

Nur wenige Wochen später beginnt die Gerichtsverhandlung.

Vorsitz führt Richter Rolansky, mit langjähriger Berufserfahrung, routiniert, wenn auch ein wenig lust- und kraftlos, wenige Wochen vor seiner Pensionierung und mit einer ausgewachsenen Herzinsuffizienz.

Im Gerichtssaal sitzen die üblichen Leute als Zuschauer, die mit einer Mischung aus Voyeurismus, Langeweile und Suche nach einem trockenen, warmen Aufenthaltsort.

Der Angeklagte, hinter einem niedrigen Tresen sitzend, wird von seinem Verteidiger und einem betagten Wachmann flankiert.

Auf der gegenüberliegenden Seite steht der Staatsanwalt, der gerade die Anklageschrift verliest.

Vor dem Gerichtssaal auf einer Holzbank sitzen Inspektor Warner, ein Gerichtsmediziner und der Geschäftsführer des Club 42, die darauf warten, für die Zeugenbefragung aufgerufen zu werden.

Als der Staatsanwalt sich setzt und Richter Rolansky die Beweisaufnahme beginnen will, wird die Verhandlung abrupt unterbrochen.

Mit einer fließenden Bewegung, zu der nur durchtrainierte Leute fähig sind, versetzt Cocker dem Wachmann einen brutalen Hieb mit seinem Ellenbogen, der diesen ins Land der Träume katapultiert. Den Bruchteil einer Sekunde später öffnet Ben dessen Pistolenhalfter, entreißt die Waffe und springt über die Absperrung vor ihm.

Bevor der zweite Wachmann an der Tür und sonst jemand im Saal reagieren kann, ist Cocker mit wenigen raumgreifenden Schritten am Ausgang und schlägt den uniformierten Beamten mit dem Pistolenknauf bewusstlos.

Zeitgleich ertönen die ersten hysterischen Schreie im Hintergrund und lassen Inspektor Warner von seiner Bank im Flur aufspringen.

Der Inspektor verheddert sich kurz in seinem offenstehenden Regenmantel als er nach seiner Dienstwaffe greifen will.

Dieser Moment kostet Warner das Leben - Ben dreht sich blitzschnell in Warners Richtung, reißt die Waffe hoch und streckt den Inspektor mit einem gezielten Schuss nieder.

Währenddessen greift sich Richter Rolansky krampfartig an sein Herz und sinkt zu Boden. Wenige Stunden später erliegt er im städtischen Krankenhaus dem erlittenen Herzinfarkt.

Noch am selben Abend wird Ben Cocker im Rahmen der sofort ausgerufenen Großfahndung gestellt und bei einem Schusswechsel mit mehreren Polizeibeamten erschossen.

Der vermeintliche Mörder hat seine Strafe erhalten. Der Gerechtigkeit scheint Genüge getan und der Fall wird zu den Akten gelegt.

Den tatsächlichen Hergang sollte niemand erfahren.

Mike Yard hatte nur einen Apfel essen wollen, um vor dem gemeinsamen Frühstück mit Cindy schon etwas in den Magen zu bekommen. Er drehte den Wasserhahn an der Spüle auf, wie immer etwas zu heftig, so dass ein Schwall im hohen Bogen über die Spüle hinweg auf dem Bogen landete. Dies ignorierend wusch er den Apfel und drehte das Wasser ab.

Um den Apfel anschließend in mundgerechte Stücke zu zerteilen, ergriff Mike das nächstgelegene Messer – ein Tranchiermesser, das er erst vor kurzem gekauft hatte, extrascharf.

Er hatte sich gerade umgedreht um den Apfel von der Spüle zu nehmen als ihn völlig unerwartet ein starker Hustenanfall überkam.

Sich krampfartig nach vorn beugend verlor Mike ein wenig das Gleichgewicht. Instinktiv machte er einen Ausfallschritt. Dabei verlor er den Halt aber völlig, da er mit dem linken Fuß in die Wasserpfütze trat, ausrutschte und vornüber Richtung Boden fiel.

Nahezu zeitgleich ließ er das Messer los, dessen schwerer, ergonomisch geformter Handgriff dafür sorgte, die Messerspitze – extrascharf – senkrecht nach oben zeigen zu lassen.

So wie es angeblich hin und wieder einen 6er im Lotto gab, wollte es der Zufall, dass der Messergriff just in dem Moment den Küchenboden tangierte als Mikes Oberkörper die Messerspitze erreichte und zwar exakt so, dass diese zwischen den Rippenbogen hindurch bis ins Herz vordringen konnte.

Dies alles passierte in einer Geschwindigkeit, die Mike keine Zeit ließ erstaunt zu sein oder Schmerz zu empfinden bevor er das Leben aushauchte.

Wie hätte er auch ahnen können, dass bereits im Januar der Erlenpollenflug eingesetzt hatte. Vielleicht hätte er mit frühzeitiger Einnahme seiner Medikamente den Hustenkrampf und die tragischen Auswirkungen verhindern können.

-

So kam es dazu, dass der Klimawandel Einfluss auf das Schicksal von fünf Personen nahm. Sie waren vermutlich nicht die ersten Opfer und sie sollten gewiss nicht die letzten sein.

Die Welt begann sich zu ändern und dies in einer Weise, die wohl niemand vorherzusagen in der Lage ist.

Welten

Als Joe sich aufrappelte, konnte er nur noch undeutliche Über-
bleibsel der Fußspuren jenes Traumwesens entdecken, dass sich
bis zum Ende seines Lebens in sein Gedächtnis und sein Herz
eingegraben hatte.
Er war keines Gedankens fähig und konnte nicht einmal sagen,
ob es die Nachwirkungen eines Schlages beziehungsweise Stur-
zes oder die Folgen dieser Bekanntschaft waren, die ihm Kopf-
schmerzen und anscheinend den Verlust seines Gedächtnisses
bereitet hatten.
Er wäre nicht einmal in der Lage gewesen, jene Traumfrau zu
beschreiben – dazu waren seine Sinne zu überreizt.
Er würde sie selbstverständlich in jeder Situation unter Tausen-
den wieder erkennen, aber er hätte keine Worte finden können,
die auch nur annähernd angemessen ihrem Aussehen und ihrer
Ausstrahlung gerecht geworden wären.
Es gelang ihm nur, sich verschwommen an den Moment zu er-
innern als ihr Schrei ihn aufgeschreckt hatte. Die Vorgeschichte
allerdings schien seiner Erinnerung ebenfalls abhandengekom-
men zu sein.
-
Josefs Geburt war schulbuchmäßig, so als könne er es nicht er-
warten, an den allgemeinen Umtrieben des menschlichen Da-
seins teilzuhaben. Er nahm alles mit Begierde auf – seinen ersten
Atemzug, worauf er sich verschluckte und in Geschrei ausbrach,
die Muttermilch, von der er nie genug bekam und all die neuen
Eindrücke, so dass er mit weniger Schlaf auskam als seine Al-
tersgenossen.
Josef war ein Einzelkind aus begütertem Elternhaus – sein Vater
ein viel beschäftigter, erfolgreicher Geschäftsmann – seine Mut-
ter die Zierde des Hauses, Mittelpunkt jeder gesellschaftlicher
Festivität.

Mit der Geburt des Sohnes erfüllte sie den größten Wunsch ihres Mannes, der dies natürlich niemals laut ausgesprochen hätte.

So gab es für Josefs Mutter keinerlei Gründe, die Fürsorge und Pflege des Krankenhauses baldigst zu verlassen, da keinerlei unabkömmliche Verpflichtungen auf sie warteten.

Aber andererseits waren Mutter und Kind uneingeschränkt nach kürzester Zeit in so guter Verfassung, dass ein längerer Aufenthalt aus medizinischer Sicht nicht zu begründen war.

Alsbald fehlte Josefs Mutter auch das geliebte gesellschaftliche Treiben, was durch die Vorstellung vertieft wurde, durch ihre Mutterschaft noch mehr in das Zentrum des Interesses zu rücken.

Daher endete Josefs erste Lebensetappe schon nach wenigen Tagen.

So bezog denn Josef sein feudal eingerichtetes Zuhause, in dem bereits sein zuvor sorgfältig selektiertes Kindermädchen auf ihn wartete. Josefs Erzeuger hatten viel Zeit und noch mehr Geld investiert, um ihre Elternpflichten zu erfüllen und ihrem Nachwuchs eine standesgemäße Betreuung zu bieten.

Josefs Mutter war sich dessen bewusst und beruhigt. Der neue Reiz der Mutterschaft verlor auch recht schnell den Stellenwert gegen die Vorzüge und Annehmlichkeiten des gewohnten leichten Lebens der High Society.

Damit war Josefs früheste Kindheit geprägt von einem Überangebot an materiellen Zeitvertreiben und einem Mangel an emotioneller Zuwendung.

Er konnte von den Spielwaren – selbstredend der ultimativsten und teuersten Art - nicht genug bekommen und er sog die neuen Eindrücke auf wie ein Schwamm. Seine täglich wachsenden Fähigkeiten begeisterten sein Kindermädchen und erfüllten seine Eltern mit Stolz, so dass sie keine Gelegenheit ausließen, ihn vor den Bekanntenkreisen zu präsentieren. In der übrigen Zeit überließen sie ihn seiner professionellen Betreuerin, die ihre Aufgabe in genau dieser Weise erfüllte – gewissenhaft, aber leidenschaftslos.

-

Benommen, aber ansonsten körperlich unversehrt, bewegte sich Joe durch unzugängliches fremdartiges Gelände. Um ihn herum und bis in kaum schätzbare Höhen hinaus wuchsen unbekannte Pflanzen, die an die Flora des Paläozoikums erinnerten, aber ungewöhnliche violette und bläuliche Farben zeigten.
Alle Blätter waren mit einer trüben Flüssigkeit benetzt und viskose, gelbliche Tropfen fielen vereinzelt auf den tiefen, schwammigen Boden.
Der Himmel, der nur an wenigen Stellen durch das dichte Blätterdach lugte, war von gespenstischer, nuancenloser, grünlicher Färbung.

Joe kämpfte sich durch dichtes Unterholz vorwärts. Dieses Vorwärts war aber nur scheinbar zielgerichtet, da er weder wusste, wo er war, noch woher er kam, geschweige denn, wohin er gehen sollte. Es gab keinerlei Orientierungshilfen, die Richtung ergab sich allein durch den Weg des geringsten Widerstands.
So arbeitete er sich mühselig Meter für Meter weiter. Er fühlte sich fremd, fremder als jemals zuvor.
Instinktiv wusste er, dass er am falschen Platz war, fernab von allen Orten, die zu erklären gewesen wären. Es gab absolut nichts, das ihm bekannt oder gar vertraut vorkam.
Aber er war noch immer nicht klar genug im Kopf, um so etwas wie Panik zu verspüren.
Also wanderte er weiter.
Die Zeit verstrich.
Der Weg wurde dichter, dann wieder wie für einen Spaziergang vorbereitet. Möglicherweise lief er im Kreis, aber es störte ihn nicht, da er kein Ziel hatte.

Irgendwann lichtete sich der Urwald. Erfreut darüber, dass sein Fortkommen leichter werden würde, beschleunigte er seinen Schritt und hörte plötzlich einen durchdringenden Schrei...

-

Josefs üblicher Tagesablauf begann fast so früh wie der seines Vaters, aber er sah ihn fast nie oder nur kurz auf einem Sprung zur Verabschiedung – Geschäfte, Geschäfte.

Sein Kindermädchen war für ihn da, um ihm die neuesten Zeitvertreibe schmackhaft zu machen und, falls nötig, den Part des Mitspielers zu übernehmen. Die Bedeutung dieser Rolle ließ jedoch im Laufe seiner Entwicklung zusehends nach. Allein konnte er besser spielen – selbst dann, wenn er gegen sich selbst spielen musste oder mehrere Rollen zu übernehmen hatte. Seine Phantasie war grenzenlos und jede Teilnahme einer anderen Person eine Einschränkung. Josef wusste dies natürlich nicht und er war bei noch so vielen Dingen auf die Mithilfe seiner Betreuerin angewiesen. Doch am wohlsten fühlte er sich, wenn jemand in seiner Nähe war, ihn aber solange in Ruhe ließ bis er ihn brauchte.

-

Überrascht und zutiefst erschrocken versuchte Joe die Richtung auszumachen, aus der dieser Schrei gekommen war. Zugleich wurde ihm plötzlich bewusst, dass er in der Zeit zuvor ausschließlich das dumpfe Geräusch der zu Boden fallenden Tropfen gehört hatte, keinerlei Blätterrauschen, kein knackendes Geäst, kein Vogelgezwitscher, nichts...

Unschlüssig verharrte er als ein Knacken zu seiner linken Seite die erneut eingetretene unnatürliche Stille durchbrach. Es folgten ein bestialisches Fauchen und ein erneuter schriller Schrei.

Joe rannte los und sah etwas später im Dickicht eine Frau von links nach rechts vorbeistürmen.

Nur wenige Meter hinter der Frau hetzte ein wolfähnliches Ungeheuer her.

Es sah nicht aus wie ein herkömmlicher Wolf, aber dies war die einzige Assoziation, die diese Kreatur in Joe hervorrief.

Das Wesen war muskulös mit dichtem dunklen Fell überzogen und durch große rote Augen und ein riesiges, mit langen spitzen Zähnen bestücktes Maul gekennzeichnet.

Es war absehbar, dass diese Zähne in Kürze das Fleisch der Verfolgten zerfetzen würden.

Joe beschleunigte seinen Lauf und stieß zugleich einen Ruf aus, um das Untier abzulenken.

Das gelang…

-

Josef lernte alles, was Kleinkinder zu lernen pflegten. Bei ihm war es exklusiver und intensiver. Sein Eintritt in den Kindergarten – selbstverständlich handelte es sich um einen standesgemäßen – war ein Einschnitt. Für seine Eltern ein gesellschaftliches Ereignis, eine weitere Stufe in der vorbestimmten Evolution einer Familie von Rang.

Für Josef war es eine prägende Erfahrung der negativen Art.

Plötzlich sollte er soziales Verhalten an den Tag legen, seine Spielsachen, seine Ideen mit Gleichaltrigen teilen, Rücksicht nehmen, nicht mehr der Zentralstern in seinem Universum sein.

Das konnte er nicht, das wollte er nicht und er musste es auch nicht.

Die Rolle seines Kindermädchens wurde geteilt und übernommen von diversen Vorschulpädagogen. Die anderen Kinder störten anfangs, aber dies konnte Josef bei den meisten aufgrund seiner Fähigkeiten recht bald im Keim ersticken und die wenigen, die ihm nahezu ebenbürtig waren, ignorierte er.

Die Zeit verging und Josefs Eltern standen vor der Entscheidung, seinen schulischen Werdegang zu planen. Da keine adäquate private, geschweige denn öffentliche Einrichtung in erreichbarer Nähe zur Verfügung stand, kam nur Individualunterricht in Frage.

Josef lernte schnell und lernte gern, solange er den Zeitpunkt und den Inhalt selbst bestimmen konnte.

Er verstand es zu glänzen und er genoss es, die Rolle des Wunderkindes zu spielen, wenn ihm danach war. Diese Momente waren für seine Eltern die Erfüllung und bekräftigten sie in ihrem Glauben alles richtig zu machen. Sie lobten Josefs Lehrer und erhöhten deren Gehälter.

Die Lehrer waren zufrieden und ließen ihn gewähren.

-

Die Bestie stoppte abrupt ihre Jagd, drehte sich in Richtung des unerwarteten Lauts und näherte sich mit langen Sprüngen dem neuen potentiellen Opfer.

Währenddessen hatte Joe abgebremst, einen am Boden liegenden massiven Ast ergriffen und erwartete den Angriff des Gegners.

Dann geschah alles rasend schnell.

Joe sah das riesige Maul auf sich zufliegen, holte aus und ließ den Stock nach vorn schnellen.

Zeitgleich spürte er, dass er getroffen hatte, ihn eine gewaltige Kraft umwarf und danach…

Dunkelheit.

-

So verstrich Josefs Schulzeit zur allgemeinen Genugtuung. Die Lehrer konnten ohne große Mühe Erfolgsnachweise erbringen und sich einer guten Bezahlung erfreuen, die Eltern mit der Begabtheit ihres Sohnes glänzen und Josef die Erwartungen aller befriedigen, ohne wirklich auf seine Mitmenschen zugehen zu müssen und sich der Welt zu öffnen.

Josef wuchs heran, und mit ihm die Zeiträume, in denen er sich mehr und mehr in seine Traumwelt zurückzog.

Auch diese Welt änderte sich. Bestand sie früher nur aus Bildern, die zu seinen Kinderspielen passten, mit denen er sich gerade beschäftigte, so wurde es mehr und mehr zu einer komplexen Phantasiewelt.

Eine Welt, in der er eine Rolle übernahm, die er im wirklichen Leben niemals einnehmen würde.

Eine Welt, die aus Abenteuern bestand, Heldentaten zu vollbringen waren, Gefühle das Leben bestimmten.

Eine Welt, in der er seine langsam erwachende Geschlechtlichkeit ausleben konnte.

-

Joe öffnete die Augen und glaubte zu träumen. Er blickte in ein ebenmäßiges, markantes Gesicht mit sanften dunkelbraunen Augen, die ihn sorgenvoll ansahen.

Angeschlagen, aber vollends verzückt, versank er in diesen Augen, sah und spürte, dass die Gefahr vorüber war und verlor erneut das Bewusstsein...

-

Josefs Aufenthaltszeiten in der realen Welt schrumpften rapide. So kam es immer häufiger vor, dass er nicht einmal mehr reagierte, wenn er von seinen Lehrern oder Angehörigen angesprochen wurde. Der Zustand wurde unhaltbar.

Auf Anraten der Pädagogen sahen sich die Eltern bald gezwungen, Ärzte zu Rate zu ziehen.

Diese versuchten sich mit Therapien und diversen Medikamenten. Der einsetzende Erfolg, der nicht zuletzt wegen des kurz aufflackernden Interesses von Josef an den neuen Eindrücken zustande kam, verflachte sehr schnell.

Josef zog sich immer mehr in sich zurück.

-

Als er erneut zu sich kam, war Joe allein. Die Erinnerung an die kurze Begegnung erfüllte ihn mit einer nie gekannten Wärme.

Er raffte sich auf und machte sich auf den Weg – vorwärts in eine unbekannte Welt mit der Hoffnung, seinen Traum wiederzufinden...

-

Die Gelehrten mussten einsehen, dass ihre Kunst versagt hatte. Josef wurde als unheilbar eingestuft und sein lebenslanger Aufenthalt in einer geschlossenen Anstalt war besiegelt.
Josef wurde Joe.

Er hatte sich von der Welt, der er nie vollends angehört hatte, verabschiedet und war endgültig aufgebrochen in seine eigene.

Die Zelle des einen Tages

Die Zelle maß vier mal vier Meter. Die feuchten, kalten Wände aus grob behauenem Gestein ragten knapp dreieinhalb Meter in die Höhe. Auch Decke und Fußboden bestanden aus jenen großen Felsblöcken, die schon seit Jahrhunderten die Umrisse des Verlieses zu bilden schienen. Messerscharfe Grate bildeten hier und dort die Begrenzung der einzelnen Felsstücke und ließen jede Berührung und jeden Schritt zu einem schmerzhaften Unterfangen werden. Aus einer tiefen Bewusstlosigkeit erwacht, waren dies die ersten Eindrücke, die der Gefangene hatte. Er lag auf einem großen, sarkophagähnlichen Quader, der eine Wand berührte und ebenfalls aus demselben Material bestand wie die gesamte Zelle. Eine klamme, löchrige Wolldecke diente als Unterlage. Am Leibe trug er Hose und Jacke aus rauem, steifen Leinen. Aus einem kleinen, eng vergitterten Fenster fiel trübes Licht herein. Nasse, kalte Nebelschwaden wurden von einer leichten Brise zwischen die Gitterstäbe geweht. Oben in einem Deckenwinkel war eine große Uhr angebracht, deren weißes Ziffernblatt einen diffusen Schein ausstrahlte. Zwei schwarze Zeiger bewegten sich unaufhörlich weiter, ohne, dass auch nur ein Ton zu hören war. Völlig unpassend wirkte diese Uhr in der düsteren Umgebung, unpassend und bedrohlich. Schmutz und Unrat bedeckten den Boden und den Vorsprung, auf dem der Häftling lag. Schimmel und Moos überzogen den Fels und Spinnengewebe hingen von Wänden und Decke, in denen kleine Wassertropfen wie Diamanten glitzerten. Alles wirkte alt und seit Jahren sich selbst überlassen. Nur die Uhr bildete in ihrer sterilen Reinheit einen gespenstischen Kontrast.

Es wurde gerade zehn. Der Gefangene versuchte sich daran zu erinnern, wann und wie er in diese graueneinflößende Unterkunft gekommen war. Doch trotz größter Bemühung blieb sein Gedächtnis wie ausgelöscht. Schon bald gab er diese Grübelei auf. Denn nicht die Vergangenheit zählte, allein das Verlangen, diesen schrecklichen Ort so bald wie möglich zu verlassen begann seine Gedanken zu bestimmen. So durchschritt er die Zelle, jedes Mal das Gesicht schmerzerfüllt verziehend, wenn die scharfen Gesteinskanten seine bloßen Füße zerschnitten. Zentimeter für Zentimeter betastete er die Wände, um durchgehende Fugen zu finden, die einen Ausweg aus dem Verlies kennzeichnen könnten. Schon nach kurzer Zeit waren seine Fingerkuppen zerschnitten und Blut begann über Hände und Ärmel zu tropfen. Mit den Zähnen durchtrennte der Gefangene eine morsche Naht der Decke und riss größere Stücke ab, um seine Finger notdürftig zu schützen und die zerschundenen Füße zu umwickeln. Unverdrossen setzte er seine Suche fort.

Der Nebel jenseits der Fenstergitter hatte sich aufgelöst und vereinzelte Sonnenstrahlen fielen auf den Fußboden, als er wieder den Sarkophag erreichte. Beide Zeiger der Uhr waren mittlerweile lautlos auf die zwölf vorgerückt. Auf allen Vieren begann der Häftling seinen Weg erneut, um den unteren Teil der Wände und den Übergang zum Boden genauer zu untersuchen. Die ursprünglich um seine Finger gewickelten Wollteile lagen schon bald blutgetränkt und zerfetzt auf dem Fußboden, und allerlei Ungeziefer fiel darüber her. Nach wenigen Metern waren seine Knie zerschnitten, und der blanke Knochen berührte das Gestein. Obwohl sein Körper eine Rast verlangte, zwang er sich seine Suche fortzusetzen. Ein ungewisses Gefühl sagte ihm, dass nur begrenzte Zeit zur Verfügung stehen würde, um in die Freiheit zu gelangen. Das Licht der Sonne erleichterte seine Bemühungen etwas, aber es waren keinerlei Merkmale einer Öffnung zu entdecken.

Ungläubig dehnte er die sorgfältige Prüfung auf den Gefängnisboden aus, in der Hoffnung eine Falltür auszumachen.

Die Uhr zeigte fast vier, als sich der an Händen, Füßen und Beinen stark Blutende auf die Erhöhung fallen ließ, um auf dem übrig gebliebenen Teil der Decke seine Glieder auszuruhen.

Entmutigt ließ er seine Augen Stück für Stück über den oberen Teil der Wände und über die Decke schweifen. Doch allem Anschein nach war die dicke Staubschicht ununterbrochen und große, unbeschädigte Spinnengewebe überzogen die Felsbrocken. Also war er auch nicht durch diesen Bereich der Zelle hereingebracht worden, oder aber er war schon lange Zeit hier eingesperrt. Dies jedoch konnte der Gefangene nicht recht glauben, denn obwohl nun seine Kleidungsstücke teilweise zerschnitten und mit Blutflecken und Schmutz übersät waren, machten sie einen vergleichsweise neuwertigen Eindruck. Zum anderen verspürte er trotz der kräftezehrenden Suche nach einem Fluchtweg kaum Hunger und Durst. Gefäße für Lebensmittel oder Wasser waren nicht vorhanden und wie sollte Verpflegung hereingeschafft werden, wenn es keinerlei Verbindungsweg zur Außenwelt gab, von dem dicht vergitterten Fenster abgesehen.

Nachdem sich der Gefangene in Gedanken nochmals überzeugt hatte, jeden Sektor seines Verlieses so gründlich wie möglich abgesucht zu haben, beschloss er, sich ganz auf den einzigen vermeintlichen Schwachpunkt in dieser Felshöhle zu konzentrieren, das Fenster. Die letzten, tief einfallenden Sonnenstrahlen erhellten sein Gesicht, als er mit ganzer Kraft an den Gitterstäben rüttelte. Sie bewegten sich um keinen Deut. Er fand sie tief in den umgebenden Felsquadern eingelassen und mit Mörtel befestigt. Dieser war teilweise gesprungen, aber noch fest und widerstandsfähig. Mit den schmerzenden Fingernägeln versuchte der einsame Mann die feinen Haarrisse zu vergrößern. Schon bald begannen die verletzen Fingerkuppen vermehrt zu bluten und machten ein weiteres Arbeiten auf diese Weise unmöglich. Da fiel sein suchender Blick auf eine Ecke seiner steinernen Liegestatt, die teilweise von der Wolldecke verhüllt gewesen war. Ein faustgroßes Stück Fels war stellenweise durch breite Spalten vom übrigen Gestein getrennt. Die nie ruhenden Kräfte der Verwitterung und des Zerfalls schienen ihm hier ein armseliges Werkzeug in die Hände zu geben. Mit plötzlich aufkeimender

Hoffnung zerrte der Inhaftierte an diesem Felsbrocken. Tatsächlich, er bewegte sich ein wenig, und Staub und Grus rieselten aus den verwinkelten Fugen. Ohne auf die pochenden Schmerzen zu achten, bearbeitete er die Sarkophagecke mit Fingernägeln, Faustschlägen und Fußtritten. Langsam vergrößerten sich die Spalten, doch noch ließ sich der Stein nicht abtrennen. Schon längst waren die Schnittwunden an Händen und Füßen erneut aufgeplatzt und jeder weitere Schlag erhöhte die Qual, die sich mehr und mehr der Grenze des Ertragbaren näherte. Der höllische Schmerz trieb ihm Tränen in die Augen. Doch er achtete nicht darauf, sondern hieb schließlich mit den Ellenbogen auf den Felsen ein. Die Dämmerung war bereits weit fortgeschritten, als endlich das Gesteinsstück mit lautem Knall absprang und zu Boden fiel.

Erschöpft und am ganzen Körper blutig, ließ sich der Gefangene auf den feuchten, kalten Boden gleiten. Erst jetzt fiel ihm das unnatürliche Licht auf, das seine Zelle durchströmte. Ein weißer, kühler, fast feindseliger Schimmer wurde von der Uhr ausgesandt, deren Zeiger unerbittlich vorgerückt waren und bereits die neunzehnte Stunde anzeigten. Je dunkler es draußen wurde, desto greller glomm das Rund des Ziffernblatts. Geradezu höhnisch beleuchteten die Strahlen das Fenster, wie um die Festigkeit der Gitterstäbe hervorzuheben.

Auf diese Weise erneut an die Existenz jenes geheimnisvollen Zeitmessers erinnert und von einer unerklärlichen Hast befallen, gönnte sich der gepeinigte Mann nur eine kurze Rast, um dann seine mühsame Arbeit am Zellenfenster fortzusetzen. Er zerteilte den noch übriggebliebenen Rest der Wolldecke in gleichgroße Teile, um mit diesen notdürftig seine Hand zu umwickeln. Dann nahm er den faustgroßen Stein auf und begann auf den unteren Rand des Fensters einzuschlagen. Zunächst schien sich nur Staub von dem schmalen Sims zu lösen, doch schon bald gelang es dem Verzweifelten kleine Gesteinsbröckchen zu entfernen. Jedes noch so winzige Stückchen ließ ihn die stärker werdenden

Torturen besser ertragen. Die kühl hereinwehenden Brisen streiften sein vor Qual verzogenes Gesicht. Nebel zog herauf und verscheuchte die letzte Helligkeit draußen in der Freiheit. Gleichzeitig wurde das kalte künstliche Licht, das von der Uhr ausging immer blendender und immer furchteinflößender. In ständig kürzer werdenden Abständen musste der Eingekerkerte die Stofffetzen und das unförmige Werkzeug von der einen in die andere Hand wechseln. Finger und Knöchel bluteten immer stärker, und die Armmuskulatur begann zusehends zu erschlaffen. Nur eine kurze Zeit verging, als die schwindenden Kräfte eine Unterbrechung unumgänglich machten.

Auf dem Sarkophag liegend, hatte er die Uhr ständig vor Augen. Das Zifferblatt sendete nunmehr eine infernalische Helligkeit aus. Doch noch immer waren die schwarzen Zeiger deutlich zu erkennen. Die einundzwanzigste Stunde begann.

Plötzlich entlud sich die ohnmächtige Wut und verzweifelte Angst, die sich in den vergangenen grauenvollen Stunden in dem Gepeinigten angestaut hatte. Er ergriff den Gesteinsbrocken und schleuderte ihn mit ganzer Kraft in Richtung Uhr. Doch wie von unsichtbarer Hand gestoppt, erreichte der Stein diese nicht, sondern blieb kurz davor einen Augenblick in der Luft stehen und fiel dann auf den Boden zurück. Ungläubig sprang der Mann auf und warf das Felsstück erneut gegen die Zellendecke. Doch wiederum war nur dasselbe erstaunliche Phänomen zu beobachten. Auch der verzweifelte dritte Versuch brachte das gleiche Ergebnis. Dieser geheimnisvolle Zeitmesser entpuppte sich mehr und mehr als eine unmittelbare Bedrohung. Da er keine Möglichkeit sah, die Uhr zu zerstören und so vielleicht die Gefahr zu beseitigen, war es umso dringlicher so schnell wie irgend möglich, einen Fluchtweg aus der furchterregenden Zelle zu schaffen.

Erneut stürzte sich der zu Tode erschreckte Mann mit seinem armseligen Werkzeug in der mit Stoffresten umwickelten Hand an das vergitterte Fenster. Wieder und wieder schlug er auf die

Fensterumrandung. Staub und kleine Steinchen sprangen ihm ins Gesicht und in die Augen. Die Schmerzen in Händen und Armen wurden quälender und quälender. Aber er wusste nun, dass jede Minute zählte und er sich keine Pause gönnen durfte. 120 Minuten vor Mitternacht hatte er endlich das Ende eines Gitterstabes freigelegt. Einige heftige Schläge lösten den restlichen Mörtel vom rostigen Eisen. Erregt machte er seine Hände frei und zerrte mit ganzer Energie daran. Doch schon bald musste er merken, dass seine Kräfte nicht ausreichten, die Metallstange zu verbiegen. Und zu tief verankert war der obere Teil, um das Eisenhindernis auf dem Weg in die Freiheit zu entfernen. Um eine weitere Hoffnung ärmer, umwickelte er wiederum seine Hand zum dürftigen Schutz und hieb auf den oberen Teil der Ummauerung ein. Die letzte Stunde vor Mitternacht begann, als der Geschundene genug vom oberen Sims geschlagen hatte, sodass endlich der Eisenzylinder mit schrillem Klirren zu Boden fiel. Die erste Etappe war geschafft. Und ein handlicheres und robusteres Werkzeug war da, um die mühsame Arbeit fortzuführen. Denn es waren noch weitere Stäbe zu entfernen, damit die Öffnung groß genug wäre für die sehnlich erhoffte Flucht. Mit beiden Händen ergriff der Gefangene die massive Eisenstange und schlug mit immer schwächer werdenden Kräften auf die Felsquader ein. Die Wolldeckenstücke waren mittlerweile allesamt zerfetzt und zerrissen. Nicht einmal dieser winzige Schutz für seine zerschundenen Glieder war ihm geblieben. Öfter und öfter entglitt die Stange seinen kraftlosen, verletzten Fingern. Doch immer wieder überwand er seine Schwäche. Hoffnungslosigkeit und unmenschlicher Schmerz trieben ihm Tränen in die Augen, blind und der totalen Erschöpfung nahe, führte er sein verzweifeltes Werk weiter. Der zweite Gitterstab fiel fünfzehn Minuten vor Mitternacht. Ungeachtet der späten Stunde war die Zelle taghell erleuchtet. Aber nicht freundliches, wärmendes Licht erfüllte den Kerker, sondern kalte, höllische Grelle ließ jeden Grat, jede Kante, jede Einzelheit überdeutlich hervortreten. Unaufhaltsam näherten sich die schwarzen Zeiger der Zwölf. Wenige Augenblicke vor Mitternacht umfasste der Eingekerkerte die gelockerte dritte Eisenstange mit beiden Händen und versuchte mit seinem Körpergewicht dieses weitere Hindernis auf dem Weg in die Erlösung zu beseitigen.

Da sprang der Zeiger der Uhr auf zwölf. Eine lautlose Explosion warf den Unseligen auf den mit einer klammen, löchrigen Wolldecke verhüllten, großen, sarkophagähnlichen Quader. Durch das kleine, eng vergitterte Fenster wehten nasse, kalte Nebelschwaden herein. Die 24 Stunden des Grauens hatten erneut begonnen.

Die Zelle des einen Tages gab seinen Gefangenen nicht frei.

Mir fehlt „H"

Ein Blick in den Spiegel zeigte klar... mir fehlt „H".

Egal, ic screibe die Gescicte nictsdestotrotz.
Es war einmal eine asenfamilie, die frölic und glücklic ir asenleben in einer eimelickuscligen asenortscaft auf einer allig verbracte und keinerlei Grund atte mit irem asenleben zu adern.
Ire Namen waren ans, ubertine, eidelinde, ug und illary.
Die älteren asenkinder einric, ildcen, erbert und albscwester mectild waren scon aus dem aus.

ans war Bucalter in einer Mörcenfabrik am afen und atte den Ruestand scon fest im Visier.
eidelinde war auptsäclic ausase und nebener ausaltsilfe in einer ocadelasendynastie.
ug und illary gingen noc zur asenscule.
Man kann an iren Namen deutlic eranen, dass ans und eidelinde eine Vorliebe für angelsäcisce Vornamen teilten.

Da ans´ und eidelindes außeräuslice Aufentalte zeitlic glücklicerweise nur einen kleinen Anteil ires asentages in Anspruc namen, konnten beide intensiv iren obbys nacgeen.
ans mocte es ser, im obbykeller andwerklice obelarbeiten mit artolz durczufüren und nam keine Rücksict darauf, wenn einmal ein Winkelaken auf seiner aut von zu eftigem obeln resultierte.
Sein anderes obby war das Basteln von anesciffen mit ilfe von Streicölzern.

eidelinde atte sic zu Weinacten eine arfe und eine ammondorgel gewünsct und sogar eralten. Seitdem übte sie fleißig und wenn ir mal eine armonie albwegs glückte klascten alle asen in die ände vor ocactung. Aber falls eidelinde den falscen Ton erwiscte, ereiterte das die ganze scadenfroe asenorde, die nur noc aa scrien und sic emmungslos auf die scenkel auten.

Darüber inaus äkelte sie ser gern und las gern istorisce asencronologien.

Das Volk der Rippen

Das Volk der Rippen ist wie die meisten Völker sehr vielseitig.
Es gibt unter ihnen große, mittlere und kleine, dicke und dünne,
alte und junge. Es gibt Gemeinsamkeiten und Unterschiede.
Üblicherweise leben sie in einer Symbiose mit einem Wirtswesen.

Und wie es sich in einer fruchtbaren Symbiose gehört, haben
beide Beteiligten ihren Nutzen davon.
Die Rippen werden vom Wirt mit Wärme, Energie, Nährstoffen
versorgt, eben mit allem was sie zum Leben brauchen.
Und der Wirt erhält von ihnen Form, Stabilität und Schutz für
die empfindlichen inneren Organe.
Die Rippen sind allgemein hin ein lustiges Völkchen. Dies erkennt man ganz deutlich daran, dass viele ihrer Wirte in humorvolles Gelächter ausbrechen, wenn die Rippen in bestimmter
Weise berührt werden.
Aber auch unter den Rippen gibt es natürlich ab und an traurige
Exemplare. Dies sind dann die sogenannten gebrochenen Rippen.

Rippen sind knochige Wesen mit einem Fell, was die wenigsten
unter uns wissen. Bewusst wird das allen Beteiligten erst dann,
wenn sich das Fell entzündet. Denn diese Rippenfellentzündungen sind sowohl für die betroffene Rippe als auch für ihren Wirt
eine sehr schmerzhafte Erfahrung.
Ebenfalls glücklicherweise sehr rar ist eine eher mentale Erkrankung einer Rippe. Erwiesenermaßen kann es geschehen, dass
eine Rippe urplötzlich den unstillbaren Wunsch verspürt zu sparen, um reich zu werden. Erstaunlicherweise gelingt ihnen das
sogar. Und wenn sie dann irgendwann reich sind an Gewürzen
und intensiver Wärme erfahren diese Sparrippen, besser bekannt unter der angelsächsischen Bezeichnung „Spare rips", das

hinlänglich geläufige und sehr grausame Schicksal des Verspeistwerdens.

Aber abgesehen davon haben die Rippen unter normalen Umständen keine natürlichen Feinde und leben in Ruhe und Frieden bis zum seligen Ende ihres Wirtes mit diesem in Harmonie zusammen.

Oftmals wird dieses harmonische Miteinander durchaus auch durch die Hinterbliebenen des Wirtes gewürdigt, in dem sie auf dessen letzter Ruhestätte drei Buchstaben anbringen lassen: R.I.P.

Was nun den Verbleib der Rippen nach Ableben des Wirtes anbelangt, führt zu heftigen Diskussionen unter den Forschern, die sich mit diesem interessanten Thema beschäftigen.

Allgemein anerkannt ist nur die Bezeichnung der isolierten Rippen: Gerippe.

Einige Wissenschaftler sind tatsächlich davon überzeugt, dass diese Benennung von einer neuen Fähigkeit der Rippen herrührt, sie können gehen....

Nun, bislang konnte noch kein eindeutiger Nachweis darüber erbracht werden. Aber kennt nicht jeder von uns, der schon mal verträumte Stunden an einem Sandstrand eines der Meere und Ozeane verbracht hat, die weit verbreiteten Rippelmarken? Vielleicht stammen sie ja von Gerippen, die im Meer wohnen....

Andere Gelehrte wiederum berichten von einer Abart der Gerippe, die sie Trippen nennen. Auch deren Existenz konnten noch nicht eindeutig verifiziert werden. Aber kennt nicht jeder von uns die artspezifische Bewegungsform: das Trippeln? Das ist nun mal unbestritten und sehr geläufig, besser gesagt gängig oder um ganz exakt zu sein, trippelig.

Angeblich soll es unter den gehenden Rippen auch einige geben, die sprechen können und dies auch in extremen Ausmaßen zu tun pflegen. Das sind dann die berühmt-berüchtigten Quasselst-Rippen.

Einige als sehr verschroben geltende Forscher behaupten gar, dass Ag-rippina, die Mutter des Nero, eine Angehörige des Volkes der Rippen war. Das erscheint wahrlich sehr gewagt, aber andererseits gibt es unstrittig Unzählige, die davon überzeugt sind, das Agrippinas Urururururururur...ahnin, Eva, aus einer Rippe erzeugt worden ist.

Möglicherweise gehörte gar Jack the Ripper zum Volk der Rippen.

Dies alles gehört zu den bislang und womöglich für unbestimmte Zeiten ungeklärten Fragen im Rippiversum.

Zeitfracht Medien GmbH
Ferdinand-Jühlke-Straße 7
99095 Erfurt, Deutschland
produktsicherheit@kolibri360.de